KB010321

끝짱 컴퓨터 영재 만들기

Step 4

이미경, 씨엔씨에듀 R&D팀 공저

씨엔씨에듀

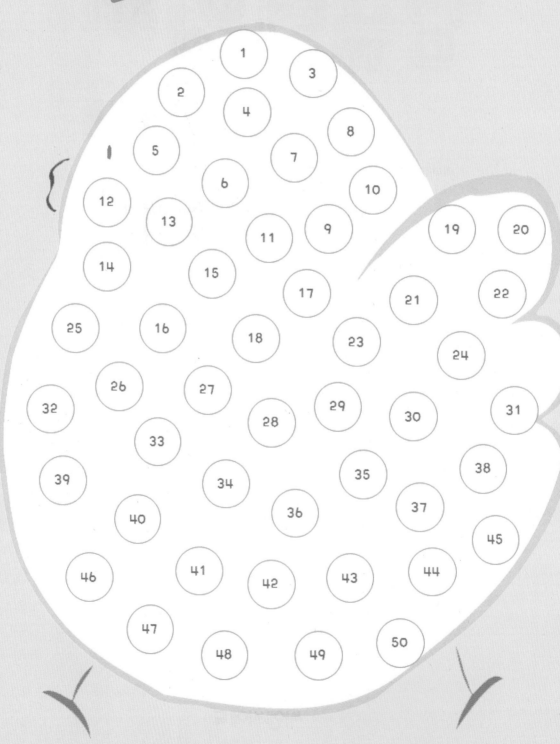

참 잘했어요

타자연습표

단계		나는야 타자왕							
1단계	자리연습								
	낱말연습								
2단계	자리연습								
	낱말연습								
3단계	자리연습								
	낱말연습								
4단계	자리연습								
	낱말연습								
5단계	자리연습								
	낱말연습								
6단계	자리연습								
	낱말연습								
7단계	자리연습								
	낱말연습								
8단계	자리연습								
	낱말연습								
짧은글 연습									

차례

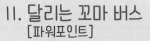

● 준비파일 새 파일
● 완성파일 1-1 완성.pptx

파워포인트 기능 온라인 그림 삽입 | 도형 삽입 | 도형 크기 변경 | 도형 채우기 | 도형 윤곽선 |
도형 복사 | 그룹 지정 | 그림으로 저장

파워포인트(PowerPoint) 프로그램은?

마이크로소프트 오피스(Microsoft Office) 시스템에서 프레젠테이션을 도와주는 소프트웨어예요. 즉, 여러 사람 앞에서 나의 생각을 발표하거나 우리 모두의 공동 작업을 할 때 시각적 보조자료로 활용할 수 있는 거예요.

1 [시작(⊞)]단추를클릭하고 앱 뷰어에서 [Microsoft Office] 폴더 안의 [Microsoft PowerPoint 2016]을 선택합니다.

 바탕 화면에 파워포인트로 바로 갈 수 있는 [바로 가기 아이콘(📄)]을 더블 클릭하면 파워포인트 2010이 바로 실행되요.

2 '파워포인트 2016' 화면이 나타납니다.

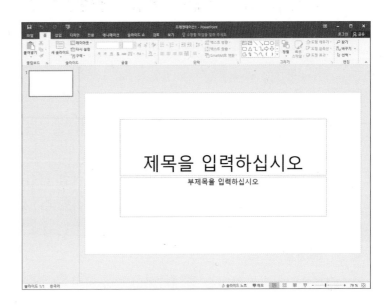

파워포인트 2016의 화면 구성

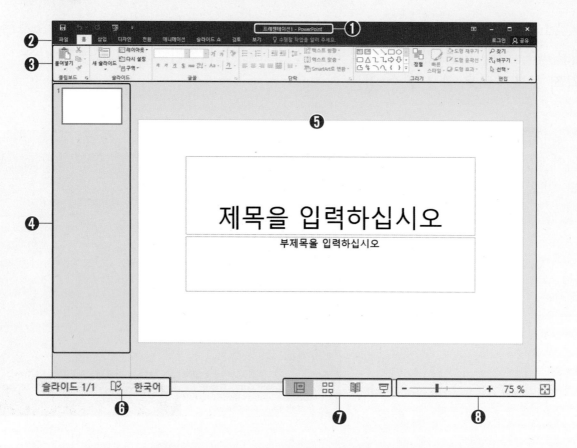

❶ 제목 표시줄 : 현재 사용 중인 문서의 이름을 표시해요.

❷ [파일] 탭 : 새로 만들기, 열기, 저장, 인쇄 등의 기능이 모여있는 곳이에요.

❸ 리본 메뉴 : 명령을 아이콘으로 만들어 쉽게 선택할 수 있게 표시해요.

❹ [슬라이드/개요] 창 : 작업 중인 슬라이드를 작은 그림 형식으로 보여주거나 개요 형식으로 보여줘요.

❺ [슬라이드 편집] 창 : 프레젠테이션을 직접 편집하는 작업 공간이에요.

❻ 상태 표시줄 : 슬라이드 번호, 전체 슬라이드 수, 사용 중인 테마 서식 등의 정보를 표시해요.

❼ [화면 보기] 단추 : 기본, 여러 슬라이드, 읽기용 보기, 슬라이드 쇼 등의 보기 형식을 선택해요.

❽ 확대/축소 : 화면을 확대하거나 축소하고 창의 크기에 맞춰 크기를 조절해요.

1 슬라이드의 레이아웃을 변경하기 위해 [홈] 탭-[슬라이드] 그룹-[레이아웃]-[빈 화면]을 선택합니다.

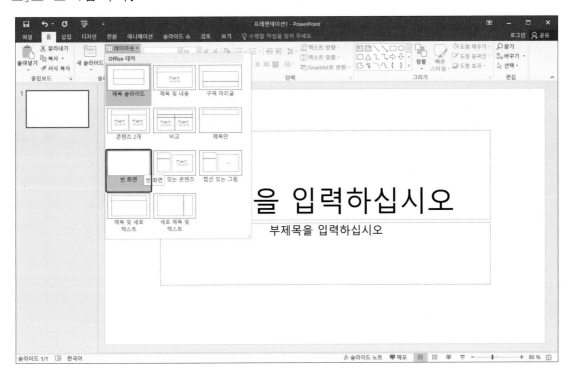

2 제목 슬라이드가 '빈 화면' 슬라이드로 변경되었습니다.

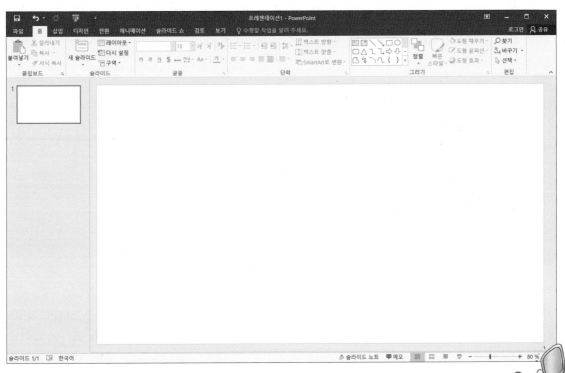

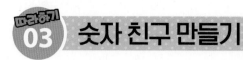

03 숫자 친구 만들기

1 [삽입] 탭–[이미지] 그룹–[온라인 그림]을 클릭하면 [그림 삽입] 창이 나타납니다.

2 검색 대상에 "0"이라고 입력하고 [🔍 찾기] 단추를 누르면 숫자 '0' 에 대한 그림들이 보여집니다. 여러 가지 '0' 중에서 원하는 것을 선택합니다.

3 온라인 그림를 삽입한 후, 크기를 조정해 줍니다.

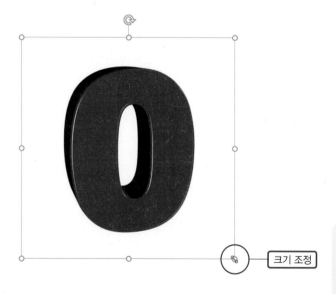

크기 조정

알아두기
Shift 를 누르고 드래그하면 가로와 세로 비율을 같게 조정할 수 있어요.

하나더알기 도형 크기 변경하기

1 크기변경 : 좌우(⟺), 상하(↕), 대각선(⬊)

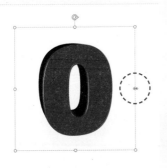  

2 이동(⬈)과 회전(↻)

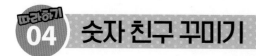

1 [삽입] 탭–[일러스트레이션] 그룹–[도형]을 클릭하여 여러 가지 도형 중에서 [기본 도형]–[○타원]을 선택합니다.

2 슬라이드에 '타원'을 그리기하고, 타원이 선택된 상태에서 [그리기 도구]–[서식] 탭–[크기] 그룹에서 [크기 및 위치]에서 높이는 '1.5㎝', 너비는 '1.5㎝'로 바꿉니다.

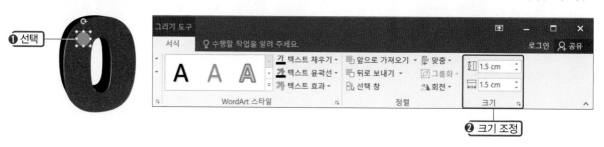

[그리기 도구]–[서식] 탭–[크기] 그룹에서 [크기 및 위치]를 선택하면 [도형 서식] 대화상자가 나타납니다. '가로 세로 비율 고정'의 체크 표시를 해제해야만 높이와 너비가 고정되어 원하는 크기로 지정됩니다.

3 [그리기 도구]−[서식] 탭−[도형 스타일] 그룹−[도형 채우기]에서 '흰색, 배경 1' 색으로 바꾸어 주고, 계속해서 [도형 윤곽선] 색도 '흰색, 배경 1' 색으로 바꾸어 줍니다.

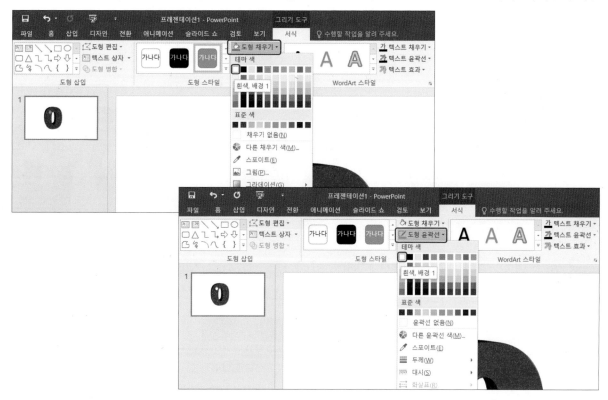

 [도형 채우기] 색과 [도형 윤곽선] 색은 사용자가 원하는 색으로 지정해도 되요.

4 숫자 도형에 눈동자를 만들기 위해 타원 도형을 복사하고 도형의 높이 '1㎝'와 너비 '1㎝'로 바꿉니다. 계속해서 [그리기 도구]−[서식] 탭−[도형 스타일] 그룹−[도형 채우기] 색과 [도형 윤곽선] 색을 '검정, 텍스트 1' 색으로 바꾸어 줍니다.

 도형을 복사하기 위해 Ctrl 를 누른 채로 드래그앤 드롭하고, 방향키로 눈동자의 위치를 조정합니다.

1 도형 바깥쪽에서 드래그하여 눈동자의 타원 도형을 모두 선택하고, 도형을 복사하기 위해 **Ctrl** 를 누른 채로 오른쪽으로 드래그앤 드롭합니다.

2 계속해서 도형 바깥쪽에서 드래그하여 모든 도형을 선택하고, [그리기 도구]–[서식] 탭–[정렬] 그룹–[그룹]–[그룹]을 선택합니다.

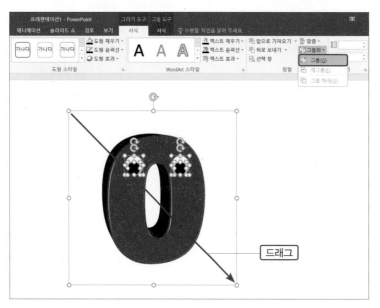

알아두기
도형을 선택하고 왼쪽 **Ctrl** 또는 **Shift** 를 누른 상태에서 원하는 도형을 차례차례 선택하면 원하는 도형을 모두 선택할 수 있어요.

3 그룹된 도형을 선택하고, 마우스 오른쪽 단추를 클릭하여 [그림으로 저장]을 선택합니다.

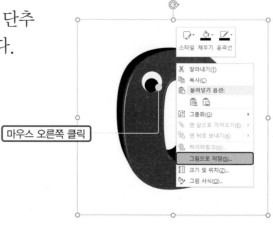

4 완성한 숫자를 그림으로 저장하기 위해 [그림으로 저장] 대화상자에서 위치와 파일 이름을 지정하고 [저장]을 클릭합니다.

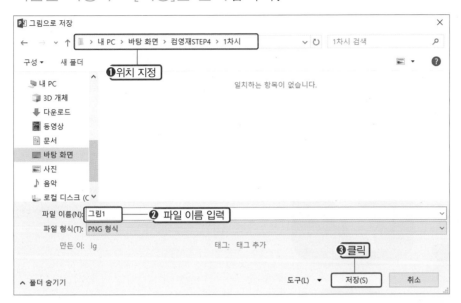

5 위와 동일한 방법으로 나머지 '숫자 1～숫자 5'를 꾸미고, [그림으로 저장]을 합니다.

그림에 흰색 배경을 투명하게 하기 위해서는 [그림 도구] – [서식] 탭 – [조정] 그룹 – [색] – [투명한 색 설정]을 선택하여 투명하게 만들 수 있어요.

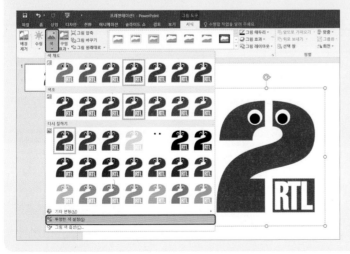

준비파일 새 파일   완성파일 1-2 완성.pptx

01 온라인 그림과 도형 삽입 기능을 이용하여 숫자 친구들(6~9까지)을 만들어 보세요.

02 완성한 숫자들을 각각 그림 파일로 저장해 보세요.

02 단원

숫자나라 친구들 자기소개하기

점 잇기를 이용하여 숫자를 확인하면서 귀여운 엔트리 캐릭터 얼굴을 만들어 보세요.

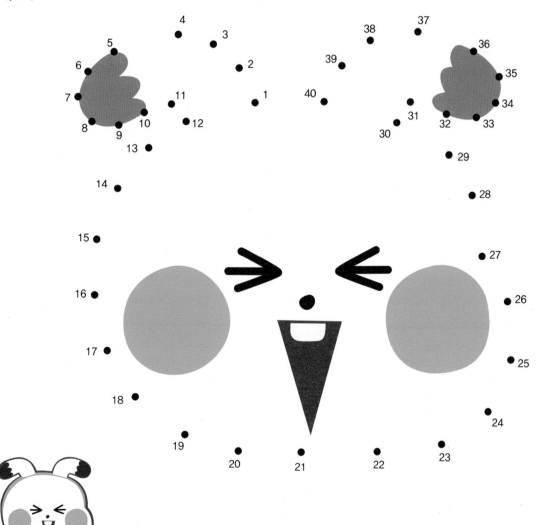

준비파일 2-1 준비.ent
완성파일 2-1 완성.ent

안녕! 나는 숫자 5야

 코딩 포인트

생김새 블록	설명
모양 보이기	오브젝트를 화면에 나타냅니다.
모양 숨기기	오브젝트를 화면에서 보이지 않게 합니다.
안녕! 을(를) 4 초 동안 말하기	오브젝트가 입력한 내용을 입력한 시간 동안 말풍선으로 말한 후 다음 블록이 실행되요.
안녕! 을(를) 말하기	오브젝트가 입력한 내용을 말풍선으로 말하는 동시에 다음 블록이 실행되요.

1 엔트리 프로그램을 실행하고 [파일]–[오프라인 작품 불러오기]를 선택합니다.

2 [열기] 대화상자에서 '2-1 준비.ent' 파일을 선택하고 [열기]를 클릭합니다.

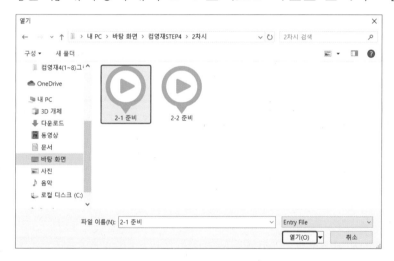

3 새로운 오브젝트를 추가하기 위해 [오브젝트 추가하기]를 클릭합니다.

4 [오브젝트 추가하기] 대화상자가 나타나면 [파일 올리기] 탭을 선택하고 [파일 올리기]를 클릭합니다.

5 [열기] 대화상자가 나타나면 파일을 선택하고 [열기]를 클릭합니다.

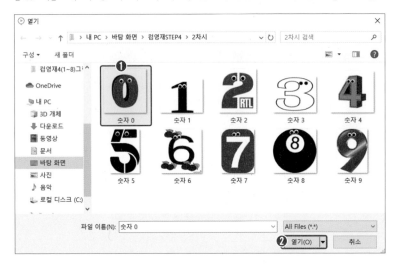

6 [오브젝트 추가하기] 대화상자가 나타나면 추가할 파일을 선택하고 [추가하기]를 클릭합니다.

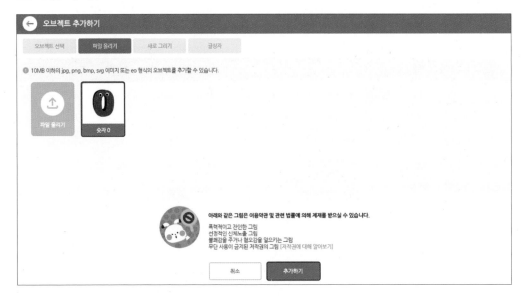

7 선택한 '숫자 0'이 삽입되었으면 원하는 위치로 이동하고 크기도 조정합니다.

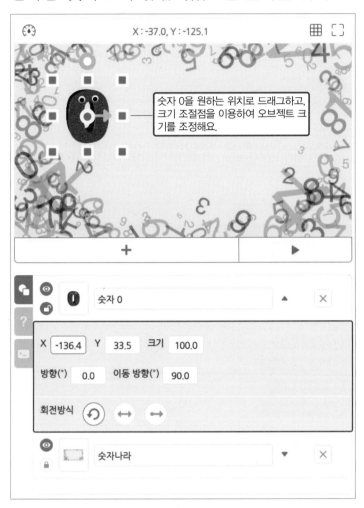

8 위와 같은 동일한 방법으로 '숫자 1, 2, 3, 4, 5'오브젝트도 모두 삽입하고, 위치와 크기를 조정합니다.

'숫자 0'부터 숫자 5'까지의 숫자들이 차례대로 '안녕! 나는 숫자 0이야'라고 2초 동안 인사하며, '숫자 1'부터는 [모양 숨기기]를 하고 있다가 앞 숫자가 자기 소개를 마치면 [모양 보이기] 명령을 받아 인사를 할 수 있도록 명령어를 코딩합니다.

1 '숫자 0' 오브젝트에서 [시작]-[시작하기 버튼을 클릭했을 때] 명령어를 드래그하여 명령어 블록 창에 놓습니다.

2 계속해서 [생김새]-[안녕을(를) 4초동안 말하기] 명령어를 드래그하여 명령 블록을 연결한 다음 '안녕! 나는 숫자 0이야', '2 초'로 수정합니다.

3 '숫자 1' 오브젝트를 선택하고 명령어를 입력합니다. '숫자 1' 부터는 [모양 숨기기]를 하고 있다가 앞 숫자가 자기 소개를 마치면 [모양 보이기] 명령을 받아 자기소개를 할 수 있도록 명령어를 입력합니다.

[2초 기다리기] 명령 블록은 지정된 시간 동안 아무 작업도 하지 않고 기다리는 명령 블록이예요.

4 '숫자 2, 3, 4, 5'도 위와 같은 방법으로 명령어를 입력합니다.

코드 복사하여 붙여넣기
완성된 코드를 선택하고 마우스 오른쪽 단추를 눌러 [코드 복사]를 선택합니다. 붙여넣기 할 오브젝트를 선택하고 마우스 오른쪽 단추를 눌러 [붙여넣기]를 클릭합니다.

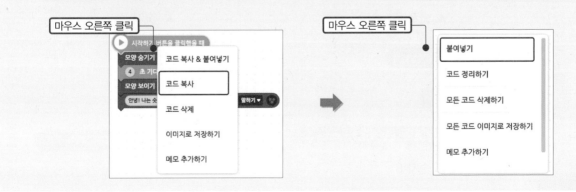

📂 **준비파일** 2-2 준비.ent   📂 **완성파일** 2-2 완성.ent

01 '2-2 준비.ent' 파일을 열기하고, '숫자 6, 7, 8, 9'의 오브젝트를 모두 삽입해 보세요.

02 숫자 친구들(6~9까지)의 자기를 소개하는 프로그램을 만들어 보세요.

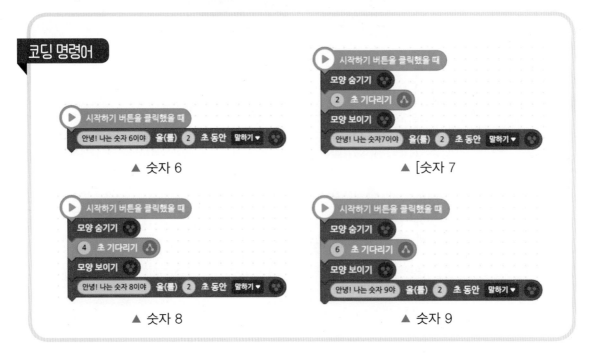

▲ 숫자 6

▲ [숫자 7

▲ 숫자 8

▲ 숫자 9

03
단원
스마트한
내 친구 로봇

● 준비파일 새 파일
● 완성파일 3-1 완성.pptx

작품 완성

파워포인트 기능

도형 삽입 | 도형 스타일 | 도형 복사 | 도형 회전 | 그림으로 저장

1 슬라이드의 레이아웃을 변경하기 위해 [홈] 탭-[슬라이드] 그룹-[레이아웃]-[빈 화면]을 선택합니다.

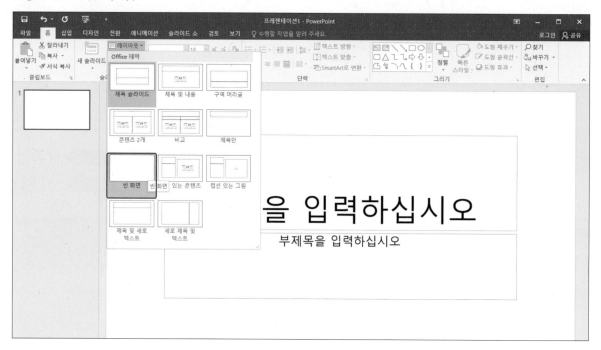

2 제목 슬라이드가 '빈 화면' 슬라이드로 변경되었습니다.

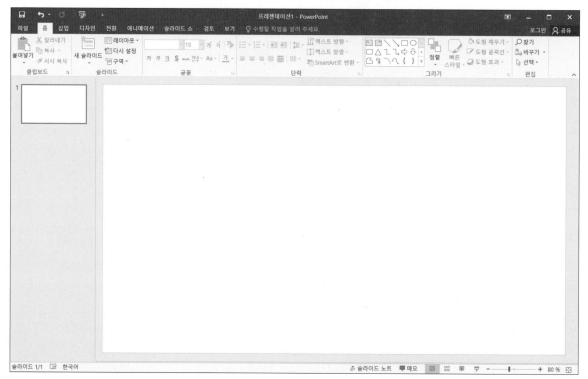

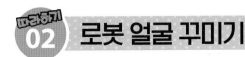
1 [삽입] 탭-[일러스트레이션] 그룹-[도형]을 클릭하여 [사각형] 도형 중에서 [☐모서리가 둥근 직사각형]을 선택하고, 슬라이드에 도형을 그립니다.

2 도형을 선택하고 [그리기 도구]-[서식] 탭-[도형 스타일] 그룹의 [자세히]를 눌러 '밝은 색 1 윤곽선, 색 채우기 – 바다색, 강조 5'를 선택합니다.

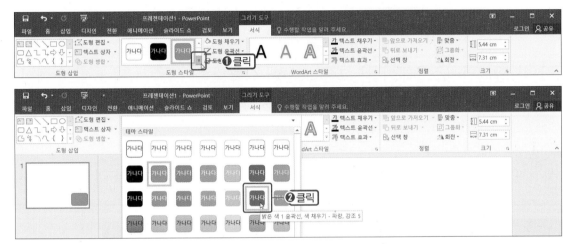

3 도형을 복사하기 위해 [Ctrl]를 누른 채로 오른쪽으로 드래그앤 드롭합니다.

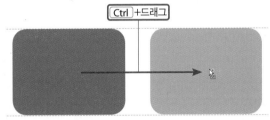

4 복사한 도형을 선택하고 [그리기 도구]-[서식] 탭-[도형 스타일] 그룹의 [자세히]를 눌러 '색 윤곽선 – 바다색, 강조 5'를 선택합니다.

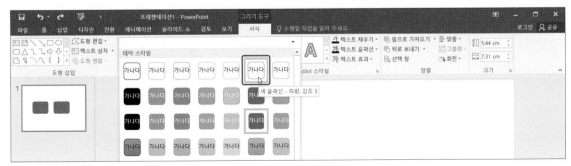

5 복사한 둥근 사각형의 크기와 위치를 조정하고 둥근 사각형에
'^^'를 입력합니다.

 내 친구 로봇 완성하기

1 [삽입] 탭-[일러스트레이션] 그룹-[도형]을 클릭하여 [순서도] 도형 중에서 [▷순
서도: 지연]을 선택하고 슬라이드에 도형을 그립니다.

2 도형을 회전시키기 위해 [그리기 도구]- [서식] 탭-[정렬] 그룹-[회전]-[오른쪽으
로 90도 회전]을 선택합니다.

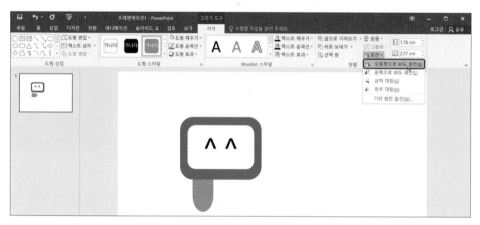

3 도형을 회전하여 로봇의 다리처럼 위치와 크기를
조정합니다.

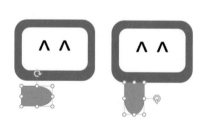

4 도형을 복사하기 위해 [Ctrl]를 누른 채로 오른쪽
으로 드래그앤 드롭합니다.

5 계속해서 [삽입] 탭-[일러스트레이션] 그룹-[도형]을 클릭하여 [순서도] 도형 중에서 [▷순서도: 지연]을 선택하고 도형을 그립니다.

6 도형을 회전시키기 위해 [그리기 도구]- [서식] 탭-[정렬] 그룹-[회전]-[좌우 대칭]을 선택합니다.

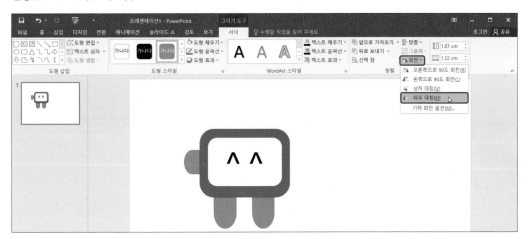

7 도형을 선택하고 [Ctrl]를 누른 채로 오른쪽으로 드래그앤 드롭하여 복사한 후, 그림처럼 회전시킵니다.

8 계속해서 [삽입] 탭-[일러스트레이션] 그룹-[도형]에서 [□사각형]과 [○타원] 도형을 선택하여 머리 모양을 완성합니다.

9 [Shift]를 누른 상태에서 원하는 도형을 선택하고 [그리기 도구]-[서식] 탭-[도형 스타일] 그룹의 [자세히]를 눌러 '밝은 색 1 윤곽선, 색 채우기 – 바다색, 강조 5'를 선택합니다.

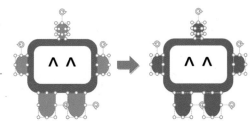

1 도형을 모두 선택하기 위해 도형 바깥쪽에서 드래그하여 [그리기 도구]–[서식] 탭–[정렬] 그룹–[그룹]–[그룹]을 선택합니다.

2 그룹된 도형을 선택하고, 마우스 오른쪽 단추를 클릭하여 [그림으로 저장]을 선택합니다.

3 완성한 로봇을 그림으로 저장하기 위해 [그림으로 저장] 대화상자에서 위치와 파일 이름을 지정하고 [저장]을 클릭합니다.

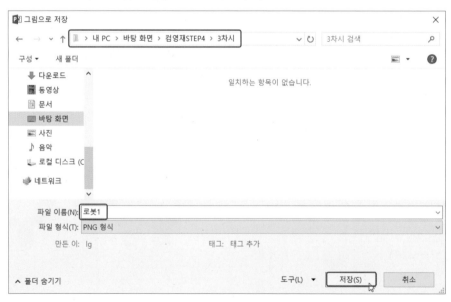

준비파일 새 파일　　　　**완성파일** 3-2 완성.pptx

01 도형 삽입과 도형 스타일 기능을 이용하여 로봇 친구를 만들어 보세요.

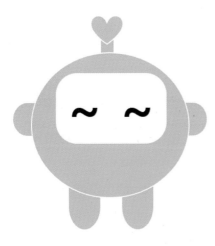

02 완성한 로봇을 '로봇2' 그림으로 저장해 보세요.

내 친구 로봇 달리기

힌트를 잘 읽고 나의 교실을 찾아가 보세요.

힌트
- 나의 교실은 교무실 왼쪽으로 한칸 위에 위치에 있어요.
- 나의 교실은 3층에 있어요!

4층	어학실	4-1	4-2	4-3
3층	3-1	3-2	컴퓨터실	3-3
2층	2-1	교무실	2-2	2-3
1층	1-1	행정실	1-2	1-3

나의 교실은 어디일까요? 교실을 찾아주세요.

나의 교실은?(-   )

● 준비파일 새 파일

● 완성파일 4-1 완성.ent

 코딩 포인트

움직임 블록

> 이동 방향으로 `10` 만큼 움직이기   이동 방향으로 숫자만큼 움직입니다.

> 화면 끝에 닿으면 튕기기   오브젝트가 화면 끝에 닿으면 반대 방향으로 튕기게 합니다.

생김새 블록

> `색깔▼` 효과를 `10` 만큼 주기   드롭 단추를 클릭하여 나타나는 색깔, 밝기, 투명도 효과를 숫자만큼 변경합니다.

계산 블록

> `0` 부터 `10` 사이의 무작위 수   첫번째 숫자부터 두번째 숫자 사이의 무작위 수로 나타냅니다.
> (예) 0부터 5사이의 무작위 수 : 0, 1, 2, 3, 4, 5)

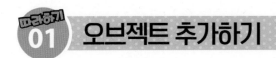

오브젝트 추가하기

1 엔트리 프로그램을 실행하고 엔트리봇 오브젝트를 삭제하기 위해 [⊠ 삭제] 단추를 클릭합니다.

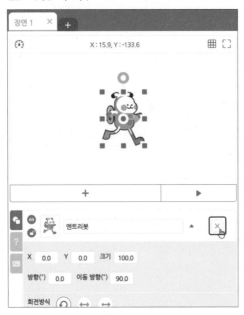

2 배경 오브젝트를 추가하기 위해 [오브젝트 추가하기]를 클릭합니다. [오브젝트 추가하기] 대화상자에서 [배경]-[실외]-[운동장] 오브젝트를 클릭한 다음 [추가하기]를 클릭합니다.

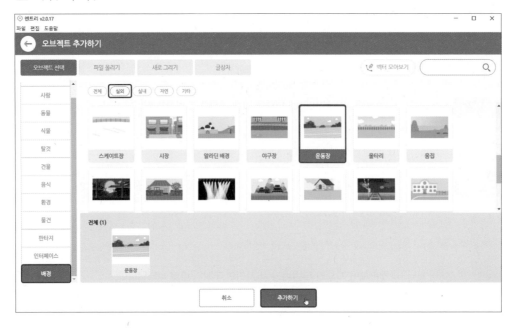

3 계속해서 [오브젝트 추가하기]를 클릭하고 [오브젝트 추가하기] 대화상자가 나타나면 [파일 올리기] 탭을 선택하고 [파일 올리기]를 클릭합니다.

4 [열기] 대화상자가 나타나면 '로봇1, 로봇2' 파일 선택하고 [열기]를 클릭합니다.

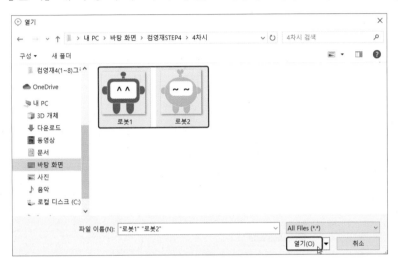

5 [오브젝트 추가하기] 대화상자가 나타나면 추가할 파일을 선택하고 [추가하기]를 클릭합니다.

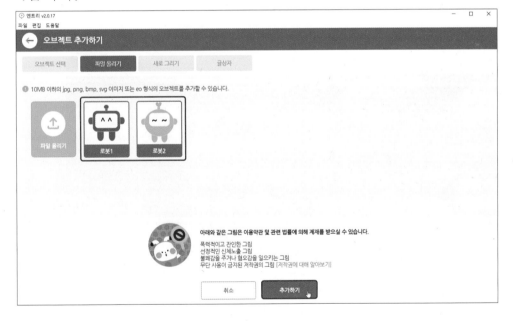

6 같은 방법으로 [오브젝트 추가하기]를 클릭합니다. [오브젝트 추가하기] 대화상자에서 [동물]-[전체]-[나비(1)] 오브젝트를 클릭한 다음 [추가하기]를 클릭합니다.

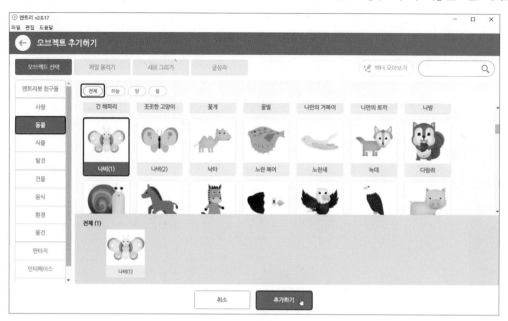

7 추가한 오브젝트의 크기와 위치를 그림처럼 조정합니다.

02 명령어 코딩하기

나비가 '누가누가 이길까요?'라고 말하고 로봇1과 로봇2가 경주를 합니다. 로봇은 화면 끝에 닿으면 튕기고 색깔 효과를 1만큼 주어 색이 변하게 코딩합니다.

1 '나비(1)' 오브젝트에서 [시작]-[시작하기 버튼을 클릭했을 때] 명령어를 드래그하여 명령어 블록 창에 놓습니다.

2 계속해서 [생김새]-[안녕을(를) 4초 동안 말하기] 명령어를 드래그하여 명령 블록을 연결한 다음 '누가누구 이길까요?'라고 수정합니다.

> ▶ 시작하기 버튼을 클릭했을 때
> 누가누가 이길까요? 을(를) 4 초 동안 말하기 ▾

3 '로봇1' 오브젝트에서 명령어를 입력합니다.

> ▶ 시작하기 버튼을 클릭했을 때
> 계속 반복하기 ⌃
> 　이동 방향으로 1 부터 10 사이의 무작위 수 만큼 움직이기
> 　화면 끝에 닿으면 튕기기
> 　색깔 ▾ 효과를 10 만큼 주기

4 '로봇2' 오브젝트에서 명령어를 입력합니다.

> ▶ 시작하기 버튼을 클릭했을 때
> 계속 반복하기 ⌃
> 　이동 방향으로 1 부터 10 사이의 무작위 수 만큼 움직이기
> 　화면 끝에 닿으면 튕기기
> 　색깔 ▾ 효과를 3 만큼 주기

📁 준비파일 새 파일   📁 완성파일 4-2 완성.ent

01 거북이가 '꽃게야 우리 경주할까?'라고 물으면 꽃게가 '그래 좋아'라고 대답하는 거북이와 꽃게가 경주하는 프로그램을 만들어 보세요.

05 단원

반짝반짝
수많은 별이야기

● 준비파일 새 파일
● 완성파일 5-1 완성.pptx

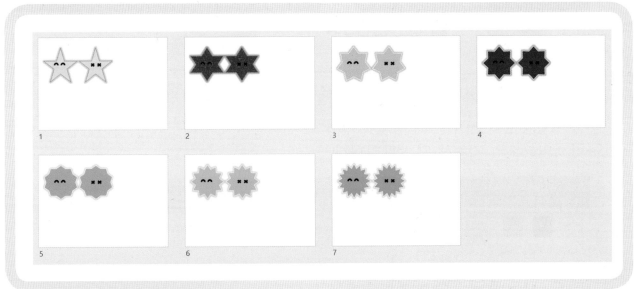

P 파워포인트 기능

도형 삽입 | 도형 크기 변경 | 도형 채우기 | 도형 윤곽선 | 도형 효과 – 네온 |
도형 모양 변경 | 그림으로 저장

1 슬라이드의 레이아웃을 변경하기 위해 [홈] 탭–[슬라이드] 그룹–[레이아웃]–[빈 화면]을 선택하면, 제목 슬라이드가 '빈 화면' 슬라이드로 변경됩니다.

2 [삽입] 탭–[일러스트레이션] 그룹–[도형]을 클릭하여 [별 및 현수막] 중에서 [☆포인트가 5개인 별]을 선택하여 그립니다.

3 별이 선택된 상태에서 [그리기 도구]–[서식] 탭–[크기] 그룹에서 [크기 및 위치]에서 높이는 '7', 너비는 '7'로 바꿉니다.

4 계속해서 [그리기 도구]–[서식] 탭–[도형 스타일] 그룹에서 [도형 채우기] 색은 '노랑', [도형 윤곽선] 색은 '주황, 강조 6'으로 지정합니다. [도형 효과]에서는 [네온 – 주황, 18pt 네온, 강조색 6] 선택합니다.

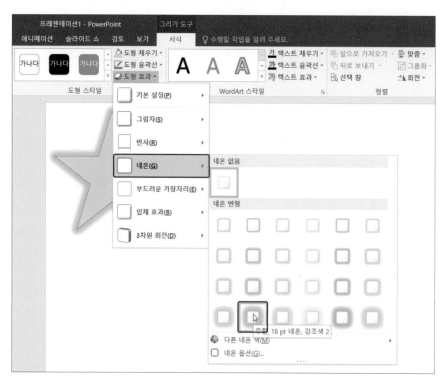

5 도형을 복사하기 위해 Ctrl 를 누른 채로 오른쪽으로 드래그앤 드롭합니다. 도형에
웃는 눈 모습을 입력합니다.

 눈 모양은 [삽입] 탭-[도형]-[기본 도형]-[⌒ 막힌 원호]와 [수식 도형]-[✕ 곱셈 기호]를 삽
입하고 [도형 채우기] 색과 [도형 윤곽선]을 '검정 텍스트 1'로 지정해요.

6 왼쪽 슬라이드를 선택하고 마우스 오른쪽 단추를 눌러 [슬라이드 복제]를 선택하면
똑같은 슬라이드가 만들어집니다.

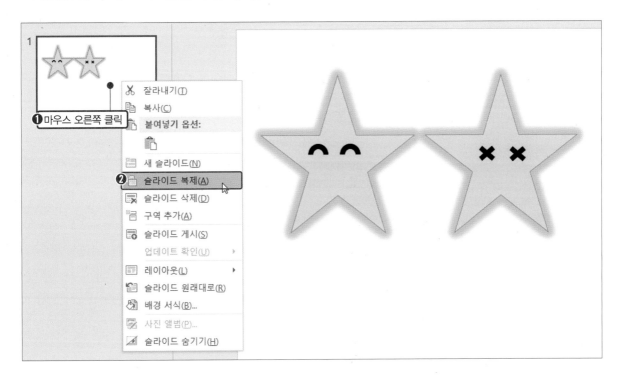

1 복사한 '슬라이드 2'에서 별 모양을 변경하기 위해 [Shift]를 누른채로 별 도형을 모두 선택합니다. [그리기 도구]-[도형 삽입] 탭-[도형 편집]-[도형 모양 변경]-[☆포 인트가 6개인 별]을 선택합니다.

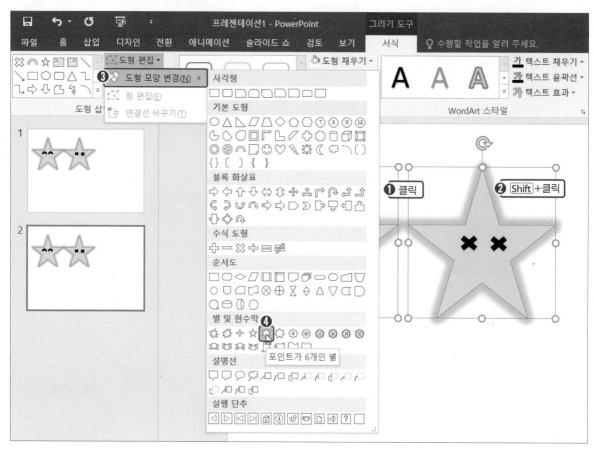

2 [그리기 도구]-[서식] 탭-[도형 스타일] 그룹에서 [도형 채우기] 색은 '빨강', [도형 윤곽선] 색은 '흰색, 배경 1'으로 지정합니다. [도형 효과]에서는 [네온 – 빨강, 18pt 네온, 강조색 2] 선택합니다.

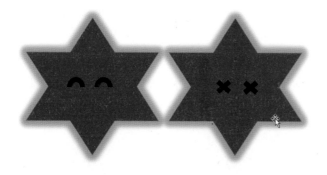

3 위와 같은 동일한 방법으로 슬라이드를 복제하고 [도형 채우기] 색, [도형 윤곽선] 색, [도형 효과]를 지정합니다.

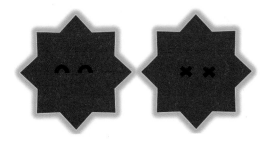

• [도형 편집] : 포인트가 7개인 별
• [도형 채우기] 색 : 주황 계열
• [도형 윤곽선] 색 : 흰색, 배경 1
• [도형 효과] : 네온 – 주황, 18pt 네온, 강조색 2

• [도형 편집] : 포인트가 8개인 별
• [도형 채우기] 색 : 자주
• [도형 윤곽선] 색 : 흰색, 배경 1
• [도형 효과] : 네온 – 다른 네온 색 – 자주

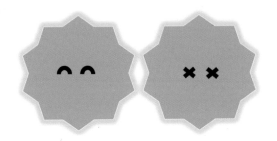

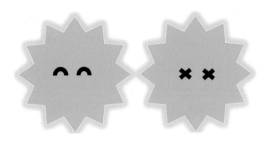

• [도형 편집] : 포인트가 10개인 별
• [도형 채우기] 색 : 연한 파랑
• [도형 윤곽선] 색 : 흰색, 배경 1
• [도형 효과] : 네온 – 파랑, 18pt 네온, 강조색 1

• [도형 편집] : 포인트가 12개인 별
• [도형 채우기] 색 : 연한 녹색
• [도형 윤곽선] 색 : 흰색, 배경 1
• [도형 효과] : 네온 – 녹색, 18pt 네온, 강조색 6

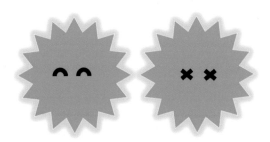

• [도형 편집] : 포인트가 16개인 별
• [도형 채우기] 색 : 분홍
• [도형 윤곽선] 색 : 흰색, 배경 1
• [도형 효과] : 네온 – 회색 50%, 18pt 네온, 강조색 3

4 완성된 '별' 모양을 선택하여 마우스 오른쪽 단추를 클릭하여 [그림으로 저장]을 선택하고, 순서대로 '별1~별14'로 저장합니다.

📁 **준비파일** 새 파일   📁 **완성파일** 5-2 완성.pptx

01 도형 삽입과 도형 편집 기능을 이용하여 재미있는 '별 모양'을 만들어 보세요.

02 완성된 별 모양을 각각 그림으로 '별15~별20'으로 저장해 보세요.

별이 빛나는 밤

06 단원

오늘 가족과 함께 소풍을 가기로 했어요. 엄마가 김밥 재료를 준비해두셨는데, 친구들과 맛있는 김밥을 만드는 방법 좀 알려주세요.

김   시금치

밥   오이   달걀   당근   햄   단무지

[보기]

① 밥을 올리고 넓게 펴 놓는다.

② 김을 김발에 펼쳐 놓는다.

③ 단무지와 햄과 시금치를 놓는다.

④ 도시락에 넣는다.

⑤ 참기름을 바르고 먹기좋은 크기로 썰어놓는다.

⑥ 김밥을 돌돌 만다.

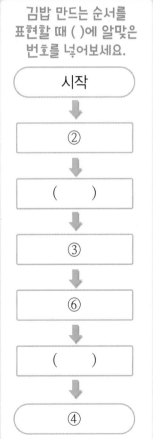

김밥 만드는 순서를 표현할 때 ( )에 알맞은 번호를 넣어보세요.

시작

↓

②

↓

( )

↓

③

↓

⑥

↓

( )

↓

④

※ 이것을 '순서도'라고 해요.

생김새 블록

| 엔트리봇_걷기1 모양으로 바꾸기 | 오브젝트를 선택한 모양으로 바꿉니다.
(내부 블록을 분리하면 모양의 번호를 사용하여 모양 선택 가능) |

| 다음 ▼ 모양으로 바꾸기 | 오브젝트의 모양을 다음 모양으로 바꿉니다. |

흐름 블록

| 계속 반복하기 | 감싸고 있는 블록들을 계속해서 반복 실행합니다. |

1 엔트리 프로그램을 실행하고 엔트리봇 오브젝트를 삭제하기 위해 ⊠ 단추를 클릭합니다.

2 배경 오브젝트를 추가하기 위해 [오브젝트 추가하기]를 클릭합니다. [오브젝트 추가하기] 대화상자에서 [배경]-[우주(2)] 오브젝트와 [인터페이스]-[기본별]을 클릭한 다음 [추가하기]를 클릭합니다.

3 기본별 오브젝트가 선택된 상태에서 [모양] 탭-[모양 추가하기]를 클릭합니다.

4 [모양 추가하기] 대화상자가 나타나면 [파일 올리기] 탭에서 [파일 올리기] 눌러 [열기] 대화상자에서 '별1~별10'의 파일을 선택하고 [열기]를 클릭합니다.

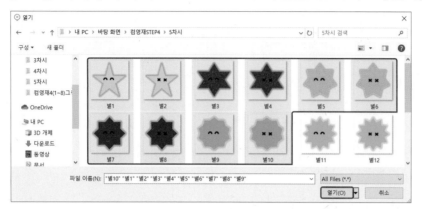

 파일이 한번에 10개까지만 업로드되기 때문에 별 모양 파일을 10개까지만 선택해요.

5 계속해서 [파일 올리기]를 클릭하고 나머지 '별11~별14'의 파일을 선택하고 [추가하기]를 클릭합니다.

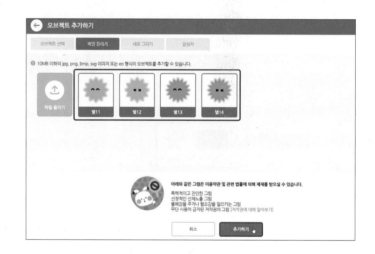

6 선택한 별 모양이 추가되었습니다.

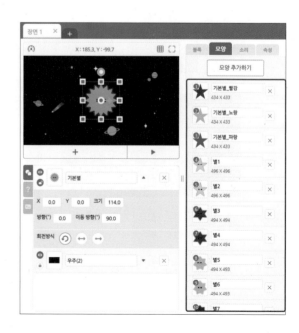

순서도(flow chart) 알아보기

순서도의 flow는 '흐름'이라는 뜻이랍니다. 즉, 일이 일어나는 순서나 작업의 진행 흐름을 기호와 도형을 이용해서 순서대로 적어놓은 것을 의미합니다.

순서도의 기호

기호	설명	기호	설명
	단말 기호 시작과 끝을 의미		준비 기호 변수 또는 초기값을 정할 때
	입출력 기호 필요한 데이터를 입력, 결과를 출력함		조건 기호 변수 또는 초기값을 정할 때
	처리 기호 처리할 작업을 알림		프린터 출력 기호 결과를 프린터로 출력함
	키보드 입력 기호 키보드로 내용 입력	↓	흐름선 작업 흐름 방향을 알려줌

순서도의 기본 구조

주어진 문제를 해결하는 구조적인 방법은 순차적 구조, 반복적 구조, 조건적 구조의 3가지로 이루어져 있습니다. 주어진 상황에 따라 순차, 조건, 반복 중 하나를 선택하거나 또는 혼합된 구조를 이룹니다.

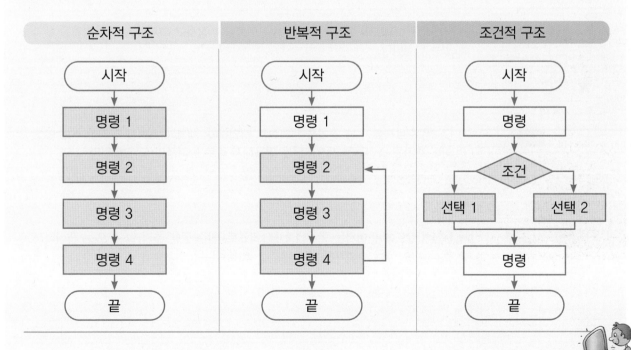

모양 블록 알아보기

블록 꾸러미는 블록, 모양, 소리, 속성의 네 가지 탭으로 이루어져 있습니다.

◀ [블록] 오브젝트를 움직일 수 있는 다양한 명령어 블록들이 있는 곳입니다. 시작, 흐름, 움직임 등 11개 카테고리에 140여개의 블록들이 있습니다. 이 블록들을 블록 조립소로 끌어와 조립할 수 있습니다.

◀ [모양] 오브젝트의 모양을 추가하거나 이름을 수정하고 복제하는 등의 작업을 할 수 있는 탭입니다.

◀ [소리] 오브젝트가 낼 소리를 관리하는 탭입니다. 새롭게 소리를 추가할 수도 있고, 이미 추가된 소리들을 재생버튼을 이용해서 바로 들어볼 수도 있습니다.

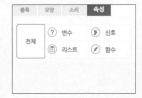

◀ [속성] 코드에 관여하는 변수나 신호, 리스트, 함수 등을 추가 할 수 있는 탭입니다. 엔트리 중, 고급 과정에서 많이 다루게 될 탭입니다.

밤 하늘에 별 오브젝트를 추가하고, 별 모양을 추가하여 별 모양이 바뀌면서 별이 반짝이는 프로그램을 코딩해 보세요.

1 기본별 오브젝트에서 [시작]-[시작하기 버튼을 클릭했을 때] 명령어를 드래그하여 명령어 블록 창에 놓습니다.

2 명령어 블록 중 [흐름]-[10번 계속 반복하기] 명령어를 드래그하여 블록을 연결합니다. [생김새]-[다음 모양으로 바꾸기]와 [흐름]-[2 초 기다리기] 블록을 연결하고 '1 초'로 수정합니다.

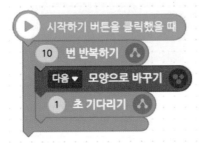

준비파일 6-2 준비.ent   완성파일 6-2 완성.ent

01 별 모양을 추가하여 반짝이는 별을 만들어 보세요.

> **힌트** 투명한 별은 [모양 추가하기]의 [인터페이스]-[전체]-[속이빈별]을 추가하고, 별15~별20까지 모양을 추가해 보세요.

코딩 명령어

속이 빈 별 ▶

07 단원 쿠키런 꾸미기

● 준비파일 7-1 준비.pptx
● 완성파일 7-1 완성.pptx

파워포인트 기능 온라인 그림 삽입 | 도형 삽입 | 곡선 그리기 | 도형 크기 변경 | 도형 채우기 |
도형 복사 | 도형 윤곽선 | 그룹 지정 | 그림으로 저장

1 [파일] 탭-[열기] 메뉴를 선택하고 [열기] 대화상자에서 '7-1 준비.pptx' 파일을 불러옵니다.

2 첫 번째 슬라이드에서 [삽입] 탭-[일러스트레이션] 그룹-[도형]-[선-⌒ 곡선]을 클릭합니다.

3 곡선을 따라하기 위해 ⊞를 클릭하며 그려져 있는 곡선을 따라 그립니다. 곡선의 완성점에서는 더블 클릭하여 마무리합니다.

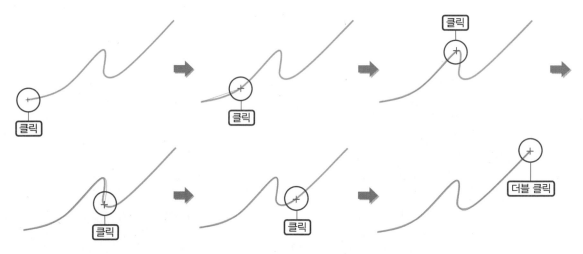

4 곡선이 선택되어 있는 상태에서 [그리기 도구]-[서식] 탭-[도형 스타일] 그룹-[도형 채우기]에서 '파랑'을 선택하고, [도형 윤곽선]에서는 [두께]-[4½pt]로 바꾸어 줍니다.

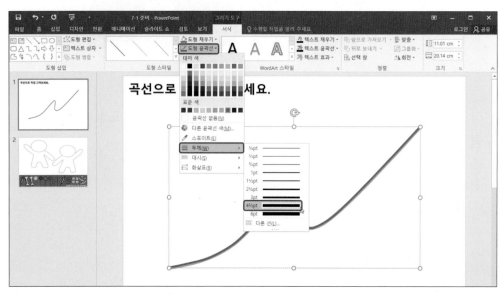

1 [삽입] 탭–[일러스트레이션] 그룹–[도형]을 클릭하여 여러 가지 도형 중에서 [기본
도형]–[○타원]과 [선 –ᄉ 곡선]을 선택하여 쿠키런을 따라 그려봅니다.

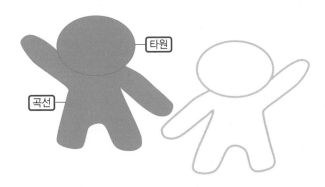

2 [그리기 도구]–[서식] 탭–[도형 스타일] 그룹–[도형 채우기]에서 '갈색 계통' 또는
원하는 색으로 바꾸어 주고, [도형 윤곽선] 색도 '주황, 강조 6, 50% 더 어둡게'로 바
꾸어 줍니다. [도형 윤곽선]의 [두께]–[4½pt]를 선택합니다.

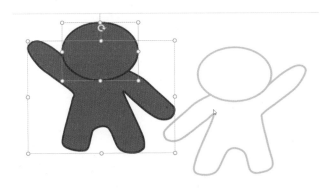

 [도형 채우기]에서 원하는 색이 없을 경우에는 [다른 채우기 색]을 선택하고 원하는 색을 지
정해요.

3 [그리기 도구]–[서식] 탭–[정렬] 그룹–[그룹]–[그룹]을 선택하고, 도형을 복사하기
위해 Ctrl 를 누른 채로 오른쪽으로 드래그앤 드롭합니다.

4 도형을 회전시키기 위해 [그리기 도구]- [서식] 탭-[정렬] 그룹-[회전]-[좌우 대
칭]을 선택합니다.

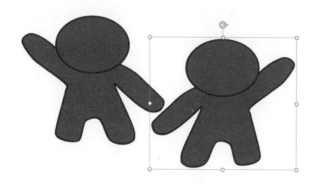

5 오른쪽과 아래에 있는 도형을 드래그하여 쿠키런을 완성합니다.

6 완성된 '왼쪽 쿠키런'을 선택하고, 마우스 오른쪽 단추를 클릭하여 [그림으로 저장]
을 선택합니다. [그림으로 저장] 대화상자에서 위치와 파일 이름(쿠키런1)을 지정하
고 [저장]을 클릭합니다.

7 오른쪽 쿠키런도 '쿠키런2'로 그림으로 저장합니다.

📂 **준비파일** 7-2 준비.pptx   📂 **완성파일** 7-2 완성.pptx

01 '7-2 준비.pptx'의 준비파일을 열기하고 아래 그림과 같이 꾸며 보세요.

02 완성되면 그림들을 선택하여 각각 '쿠키런3', '쿠키런4'의 이름으로 지정하고 그림으로 저장해 보세요.

쿠키런 게임 만들기

우리 가족 구성도를 코딩해 보세요.

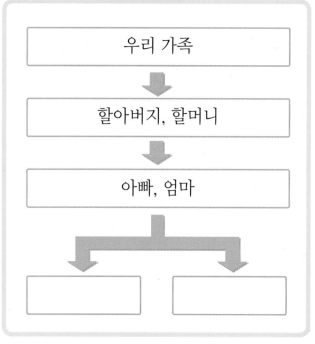

우리 가족

↓

할아버지, 할머니

↓

아빠, 엄마

준비파일 8-1 준비.ent
완성파일 8-1 완성.ent

• 오브젝트 추가 배경 – 과자나라 풍경
• 오브젝트 추가 – 쿠키런

 코딩 포인트

시작 블록

| 위쪽 화살표 |
| 아래쪽 화살표 |
| 오른쪽 화살표 |
| 왼쪽 화살표 |
| 스페이스 |

지정한 키보드 키를 누르면 아래에 연결된 블록들의 명령어를 실행합니다.
원하는 키를 지정할 수 있어요.

흐름 블록

오브젝트가 입력한 X와 Y좌표로 이동합니다.
(오브젝트의 중심점이 기준)

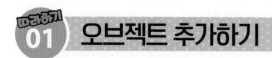

1 엔트리 프로그램을 실행하고 [🔲·파일]–[오프라인 작품 불러오기]를 선택합니다.

2 [열기] 대화상자에서 '8–1 준비.ent' 파일을 선택하고 [열기]를 클릭합니다.

3 새로운 오브젝트를 추가하기 위해 [오브젝트 추가하기]를 클릭하고, [오브젝트 추가하기] 대화상자가 나타나면 [파일 올리기] 탭을 선택합니다. [파일 올리기]를 클릭하고, [열기] 대화상자가 나타나면 파일(쿠기런1)을 선택한 다음 [열기]를 클릭합니다.

4 [오브젝트 추가하기] 대화상자가 나타나면 추가할 파일을 선택하고 [추가하기]를 클릭합니다.

5 쿠키런을 마우스로 드래그하여 X, Y 좌표 위치를 맞춥니다.

X, Y 좌표 위치 알기

6 쿠키런1 오브젝트가 선택된 상태에서 [모양] 탭–[모양 추가하기]를 클릭합니다.

7 [모양 추가하기] 대화상자가 나타나면 [파일 올리기] 탭에서 [파일 올리기] 눌러 [열기] 대화상자에서 '쿠키런2'의 파일을 선택하고 [열기]를 클릭합니다. '쿠키런2'의 파일을 선택하고 [추가하기]를 클릭합니다.

8 선택한 쿠키런2 모양이 추가되었습니다.

명령어 코딩하기

쿠키런이 스페이스 키를 누르면 점핑하여 도넛을 먹는 프로그램을 코딩해 보세요.

1 쿠키런1 오브젝트에서 명령어 블록 중 [시작]-[시작하기 버튼을 클릭했을 때]명령어를 드래그하여 명령어 블록창에 놓습니다.

2 쿠키런1 오브젝트에 명령어를 입력합니다.

▲ 쿠키런1

 X, Y좌표는 각 컴퓨터마다 조금씩 다를수 있어요.

3 도넛 오브젝트의 명령어를 변경해 봅니다.

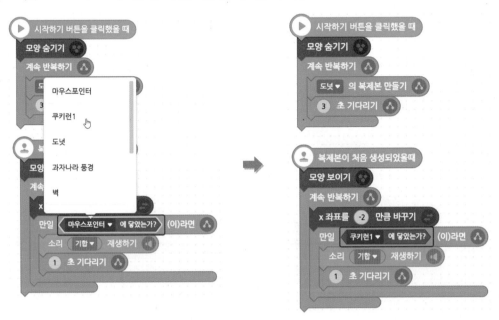

 소리 재생하기는 16단원에서 다루어요.

> 준비파일   8-2 준비.ent   완성파일   8-2 완성.ent

01 '8-2 준비.ent' 파일을 열기하고, '쿠키런3' 오브젝트를 추가한 다음 '쿠키런4'를 모양 추가해 보세요.

02 도넛 오브젝트의 명령어도 변경해 봅니다.

```
시작하기 버튼을 클릭했을 때
x: 0 y: -80 위치로 이동하기
크기를 90 (으)로 정하기
계속 반복하기
    쿠키런3 모양으로 바꾸기
    0.1 초 기다리기
    쿠키런4 모양으로 바꾸기
    0.1 초 기다리기
```

```
스페이스 ▼ 키를 눌렀을 때
0.1 초 동안 x: 0 y: 80 위치로 이동하기
0.1 초 동안 x: 0 y: 50 위치로 이동하기
0.1 초 동안 x: 0 y: 10 위치로 이동하기
0.1 초 동안 x: 0 y: -10 위치로 이동하기
0.1 초 동안 x: 0 y: -50 위치로 이동하기
0.1 초 동안 x: 0 y: -80 위치로 이동하기
```

```
시작하기 버튼을 클릭했을 때
모양 숨기기
계속 반복하기
    도넛 ▼ 의 복제본 만들기
    3 초 기다리기
```

```
복제본이 처음 생성되었을때
모양 보이기
계속 반복하기
    x 좌표를 -2 만큼 바꾸기
    만일 쿠키런3 ▼ 에 닿았는가? (이)라면
        소리 기합 ▼ 재생하기
        1 초 기다리기
```

09 단원

사이좋은 콩돌이와 콩순이!

● 준비파일 9-1 준비.pptx
● 완성파일 9-1 완성.pptx

파워포인트 기능

파일 열기 | 도형 삽입 | 곡선 그리기 | 점 편집 | 도형 크기 변경 | 도형 채우기

도형 복사 | 도형 윤곽선 | 그룹 지정 | 그림으로 저장

콩돌이 얼굴 모양 변경하기

1 [파일] 탭–[열기] 메뉴를 선택하고 [열기] 대화상자에서 '9-1 준비.pptx' 파일을 불러옵니다.

2 왼쪽 타원을 더블 클릭하고 [그리기 도구]–[서식] 탭–[도형 삽입] 그룹–[도형 편집]–[점 편집]을 선택합니다.

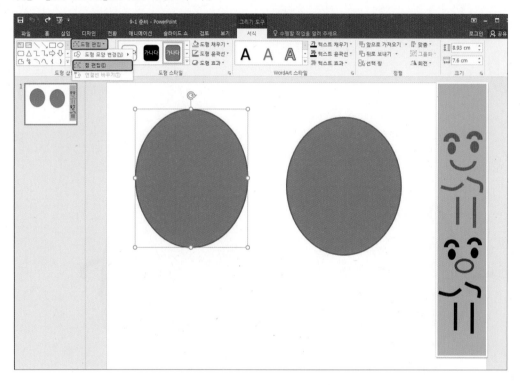

3 도형을 편집할 수 있는 점이 표시되며, 점 위에 마우스를 놓으면 편집할 수 있는 화살표(✥)가 나타납니다. 이 화살표(✥)를 클릭하면 도형을 편집할 수 있는 양방향 세그먼트가 표시되요.

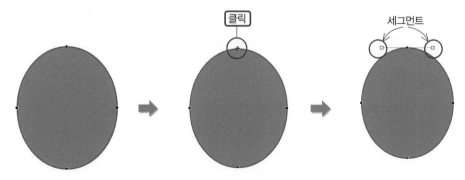

4 도형 왼쪽 화살표(✥)를 클릭하고, 세그먼트를 드래그하여 원하는 콩 모양으로 편집합니다.

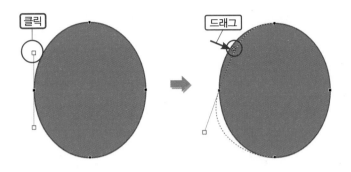

따라하기 02 콩돌이 얼굴 변신하기

1 콩 모양을 선택하고, [그리기 도구]-[서식] 탭-[도형 스타일] 그룹-[도형 채우기]-[다른 채우기 색]을 선택합니다. [색] 대화상자에서 원하는 '연두색'을 선택하고 [확인]을 클릭합니다.

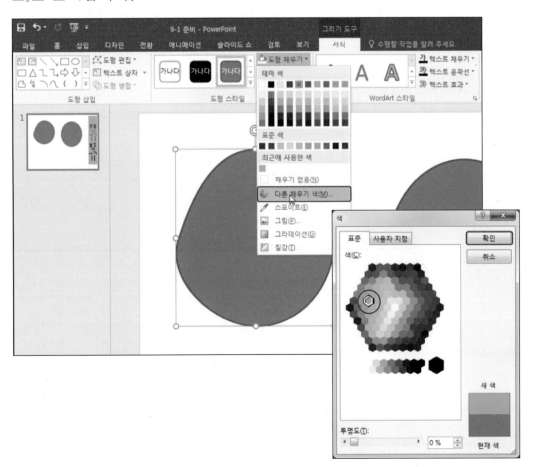

2 계속해서 [도형 채우기]–[그라데이션]–[어두운 그라데이션 – 선형 위쪽]을 선택합니다.

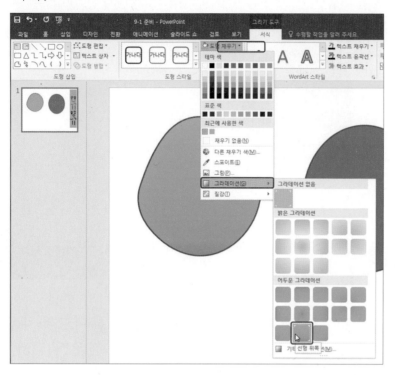

3 [그리기 도구]–[서식] 탭–[도형 스타일] 그룹–[도형 윤곽선]에서 '황록색, 강조 3, 50% 더 어둡게'로 선택하고, [두께]–[6pt]로 바꾸어 줍니다.

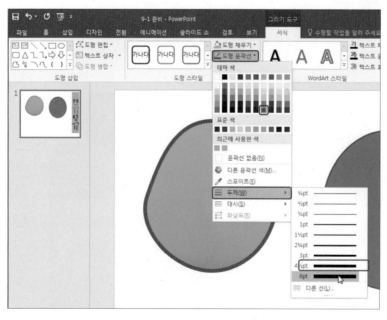

4 슬라이드 오른쪽에 있는 '눈', '손', '발' 모양을 드래그하여 콩 캐릭터를 꾸며줍니다.

5 완성한 콩 모양을 모두 선택하고, [그리기 도구]-[서식] 탭-[정렬] 그룹-[그룹]-[그룹]을 선택합니다. 마우스 오른쪽 단추를 클릭하여 [그림으로 저장]을 선택하여 '콩1'로 저장합니다.

따라하기 03 콩순이 예쁘게 꾸미기

1 연두 콩처럼 점 편집을 이용하여 화살표()를 클릭하고, 세그먼트를 드래그하여 원하는 콩 모양으로 만듭니다.

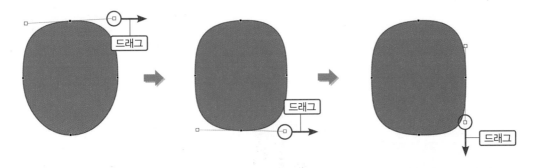

알아두기 점 편집 기능을 이용하여 친구들이 원하는 모양으로 만들어도 되요.

2 [도형 채우기] 색과 [도형 윤곽선] 색을 이용하여 콩 캐릭터의 색상을 지정합니다.

알아두기 [도형 채우기] 색과 [도형 윤곽선] 색을 이용하여 친구들이 원하는 색상으로 지정해도 되요.

3 슬라이드 오른쪽에 있는 '눈', '손', '발' 모양을 드래그하여 콩 캐릭터를 꾸밉니다. 모든 도형을 그룹하고, [그림으로 저장]을 선택하여 '콩2'로 저장합니다.

📁 **준비파일** 9-2 준비.pptx   📁 **완성파일** 9-2 완성.pptx

01 온라인 그림 삽입 기능을 이용하여 '마트료시카' 인형 캐릭터를 검색하고, '마트료시카' 인형 캐릭터를 슬라이드에 삽입하고 크기를 조정해 보세요.

02 내가 찾은 캐릭터를 '캐릭터1', '캐릭터2' 이름으로 바꾸고 그림으로 저장해 보세요.

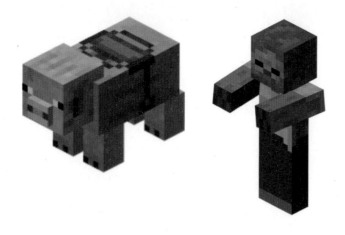

10 단원 콩돌이와 콩순이 쑥쑥 자라기

언플러그드 활동

순서도를 잘 읽고 ( ) 안을 채워 보세요.

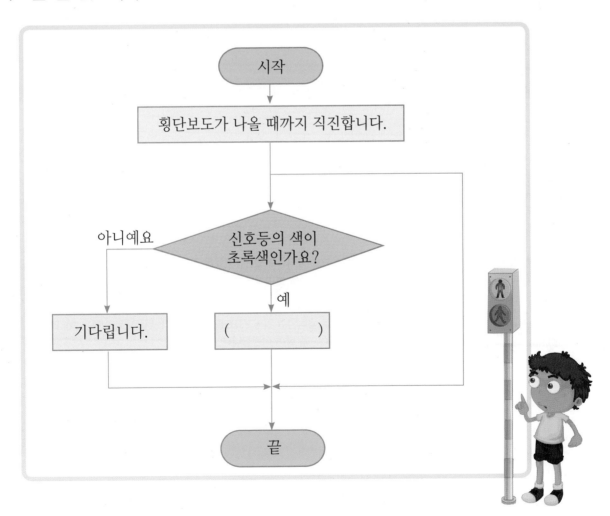

시작

횡단보도가 나올 때까지 직진합니다.

신호등의 색이 초록색인가요?

아니예요

예

기다립니다.

(   )

끝

● 준비파일 새 파일
● 완성파일 10-1 완성.ent

움직임 블록

x좌표를 10 만큼 바꾸기	왼쪽과 오른쪽으로 움직일수 있는 X좌표를 조정합니다. 오른쪽으로 이동은 10, 왼쪽으로 이동은 앞에 '-10' '-'를 붙여 이동합니다.
y좌표를 10 만큼 바꾸기	위와 아래쪽으로 움직일수 있는 Y좌표를 조정합니다. 위쪽으로 이동은 10, 아래쪽으로 이동은 앞에 '-10' '-'를 붙여 이동합니다.

1 엔트리 프로그램을 실행하고 엔트리봇 오브젝트를 삭제하기 위해 ☒ 단추를 클릭합니다.

2 배경 오브젝트를 추가하기 위해 [오브젝트 추가하기]를 클릭하고 [오브젝트 추가하기] 대화상자에서 [배경]–[실내]–[식물배경] 오브젝트를 추가합니다. 계속해서 [파일 올리기] 탭에서 '콩1' 오브젝트도 추가합니다.

3 '콩1' 오브젝트의 위치를 조정합니다.

4 '콩1' 오브젝트가 선택된 상태에서 [모양] 탭-[모양 추가하기]를 클릭하고, [모양 추가하기] 대화상자에서 [파일 올리기] 탭에서 '콩2' 파일을 추가하기 합니다.

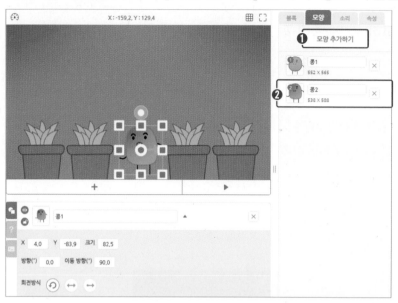

02 **명령어 코딩하기**

위쪽 방향키를 누르면 콩1 모양이 자라며 '콩이 쑥쑥 자라요'라고 말하고, 아래쪽 방향키를 누르면 콩2 모양으로 바뀌면서 '콩이 작아져요'라고 말하는 프로그램을 코딩해 보세요.

1 '콩1' 오브젝트에서 명령어 블록 중 [시작]-[아래쪽화살표 키를 눌렀을 때] 명령어를 드래그하여 명령어 블록 창에 놓습니다.

2 '콩1' 오브젝트에 명령어를 입력합니다.

📁 **준비파일** 새 파일　　　📁 **완성파일** 10-2 완성.ent

01 엔트리를 실행하고, 배경 오브젝트와 '캐릭터' 오브젝트를 추가하고 위치를 맞춰보세요. [모양]-[모양 추가하기]에서 '캐릭터2'도 삽입해 보세요.

> **힌트** 배경 오브젝트는 [배경]-[실내]-[로봇트방]을 선택하고, '캐릭터1' X(-40), Y(-70)로 조정해요.

02 위쪽 방향키를 누르면 인형이 커지며 '인형이 커져요'라고 말하고 아래쪽 방향키를 누르면 인형 모양이 바뀌며 '인형이 작아져요'라고 말하고 작아지는 프로그램을 코딩해 보세요.

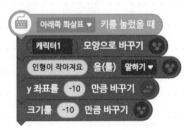

달리는 꼬마 버스

작품 완성

● 준비파일 새 파일
● 완성파일 11-1 완성.pptx

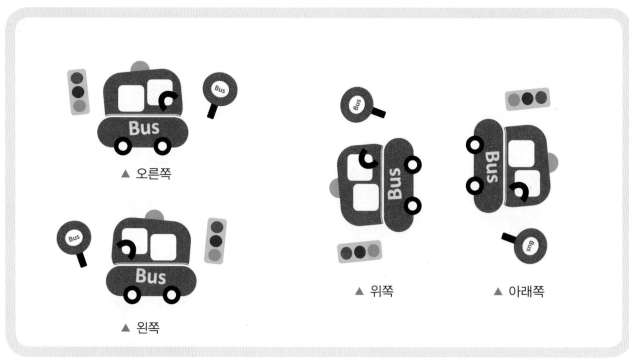

▲ 오른쪽

▲ 왼쪽

▲ 위쪽

▲ 아래쪽

파워포인트 기능

도형 삽입 | 워드 아트 삽입 | 도형 크기 변경 | 도형 채우기
도형 복사 | 도형 윤곽선 | 그룹 지정 | 그림으로 저장

1 슬라이드의 레이아웃을 변경하기 위해 [홈] 탭-[슬라이드] 그룹-[레이아웃]-[빈 화면]을 선택합니다.

2 [삽입] 탭-[일러스트레이션] 그룹-[도형]을 클릭하여 [사각형] 도형 중에서 [□ 모서리가 둥근 직사각형]를 선택하고 슬라이드에 도형을 그립니다.

3 도형 모양을 변경하기 위해 노란색 조절점을 드래그하여 모양을 변경합니다.

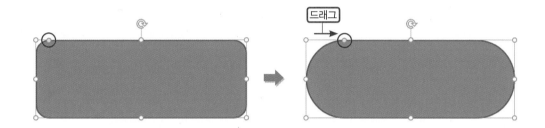

4 도형을 선택하고 [그리기 도구]-[서식] 탭-[도형 스타일] 그룹-[도형 채우기]에서 '빨강'을 선택하고, [도형 윤곽선]에서는 '흰색, 배경 1', [두께]-[6pt]로 바꾸어 줍니다.

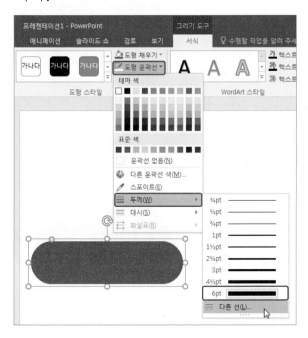

5 도형의 선 스타일을 변경하기 위해 [도형 윤곽 선]-[두께]-[다른 선]을 선택하면 [도형 서식] 대화상자가 나타납니다. [겹선 종류]를 [얇고 굵음]을 선택하고 [닫기]를 클릭합니다.

6 [⌐모서리가 둥근 직사각형]를 선택하고 도형을 그린 다음 도형 크기를 조정합니다. [도형 채우기] 색과 [도형 윤곽선] 색을 '빨강'으로 선택합니다. 노란색 조절점(◉)을 이용하여 도형을 변형시킵니다.

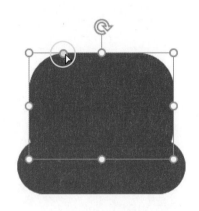

7 도형이 선택된 상태에서 [그리기 도구]-[서식]-[정렬] 그룹-[뒤로 보내기]-[맨 뒤로 보내기]를 클릭하고, 회전 조절점(↻)을 이용하여 그림처럼 회전시킵니다.

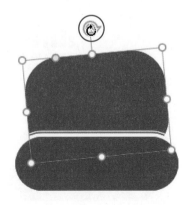

8 [도형]의 [○ 타원]을 선택하여 바퀴를 그립니다. [그리기 도구]-[서식] 탭-[크기] 그룹에서 [크기 및 위치]에서 높이는 '1㎝', 너비는 '1㎝'로 바꾸고, [도형 채우기] 색과 [도형 윤곽선] 색을 '검정, 텍스트 1'로 지정합니다.

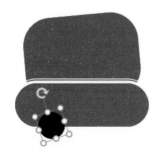

 [그리기 도구]-[서식] 탭-[크기] 그룹에서 [크기 및 위치]를 선택하면 [도형 서식] 대화상자가 나타납니다. '가로 세로 비율 고정'의 체크 표시를 해제해야만 높이와 너비가 고정되어 원하는 크기로 지정되요.

9 바퀴 모양을 복사하고 위와 같은 방법으로 높이는 '0.5㎝', 너비는 '0.5㎝'로 바꾸고, [도형 채우기] 색과 [도형 윤곽선] 색을 '흰색, 배경 1'로 지정합니다.

10 바퀴 모양이 완성되었으면 왼쪽 바퀴를 영역 지정하여 Ctrl + Shift 를 누른채 오른쪽으로 드래그하여 바퀴를 복사합니다.

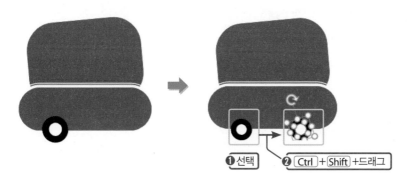

❶선택　❷ Ctrl + Shift +드래그

11 다음 그림처럼 꼬마 버스를 완성합니다.

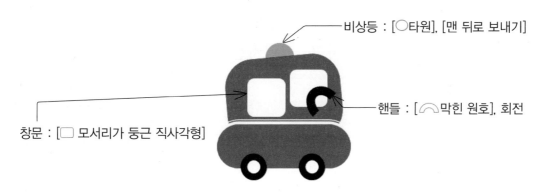

비상등 : [○타원], [맨 뒤로 보내기]

핸들 : [⌒막힌 원호], 회전

창문 : [□ 모서리가 둥근 직사각형]

12 도형을 이용하여 꼬마 버스 신호등과 정류장도 그려줍니다.

버스표지판 : [○타원], [선 스타일]–
[대시 종류]–[사각 점선],
회전

텍스트 : [가 텍스트 상자], 회전

신호등 : [□모서리가 둥근 직사각형],
[○타원], 회전

02 워드 아트 삽입하기

1 [삽입] 탭–[텍스트] 그룹–[WordArt 워드아트]–[그라데이션 채우기– 황금색, 강조4, 윤곽선–강조4]를 선택하고 'Bus'를 입력합니다.

2 워드 아트 크기와 위치를 조정하고, 그림처럼 회전시켜 완성합니다.

1 완성된 '꼬마 버스'을 모두 선택하고, 마우스 오른쪽 단추를 클릭하여 [그룹]−[그룹]을 눌러 그룹화시킵니다.

2 그룹 지정한 버스를 '버스 오른쪽'이라고 [그림으로 저장]합니다. 그룹지정된 버스를 선택하고 Ctrl를 누른채로 드래그하여 3개를 복사합니다.

3 [그리기 도구]−[정렬] 그룹−[회전]을 이용하여 꼬마 버스 방향을 그림처럼 바꾸어 줍니다.

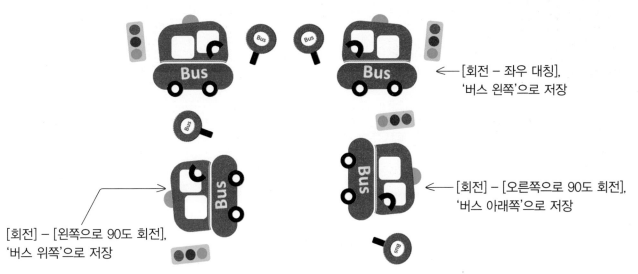

← [회전 − 좌우 대칭],
　'버스 왼쪽'으로 저장

← [회전] − [오른쪽으로 90도 회전],
　'버스 아래쪽'으로 저장

[회전] − [왼쪽으로 90도 회전],
'버스 위쪽'으로 저장

준비파일 새 파일   **완성파일** 11-2 완성.pptx

01 도형 삽입 기능을 이용하여 '도로'를 만들어 보세요.

> **힌트** [기본 도형]-[직사각형]을 이용하여 도로 그리기, [온라인 그림] 추가 기능을 이용하여 그림 넣기를 해요 (검색어 : 정지, 버스전용)

02 모든 도형을 그룹화하고, '도로'라고 [그림으로 저장]하기 해보세요.

12 단원

버스 전용차로로
달리기

아래 보기의 그림에서 규칙을 발견하고 빈 곳에 들어갈 숫자를 맞춰 보세요.

1 + ⬤ = 3

2 × ✿ = 6

⬤ − 4 = 1

8 ÷ ✿ = 2

준비파일 새 파일

완성파일 12-1 완성.ent

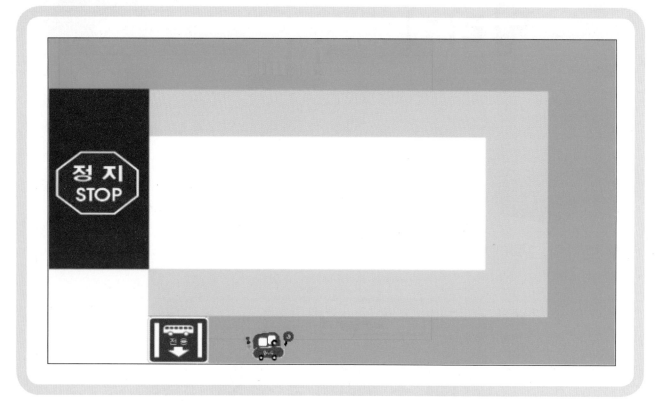

 코딩 포인트

생김새 블록

 오브젝트를 선택한 모양으로 바꿉니다.
(내부 블록을 분리하면 모양의 번호를 사용하여 모양 선택 가능)

1 엔트리 프로그램을 실행하고 엔트리봇 오브젝트를 삭제하기 위해 ⊠ 단추를 클릭합니다.

2 배경 오브젝트를 추가하기 위해 [오브젝트 추가하기]를 클릭하고 [오브젝트 추가하기] 대화상자에서 [파일 올리기] 탭에서 '도로'와 '버스 오른쪽' 오브젝트를 추가합니다.

3 '도로'와 '버스 오른쪽' 오브젝트의 크기와 위치를 조정하고, '버스 오른쪽' 오브젝트의 이름을 '버스'로 이름을 변경합니다.

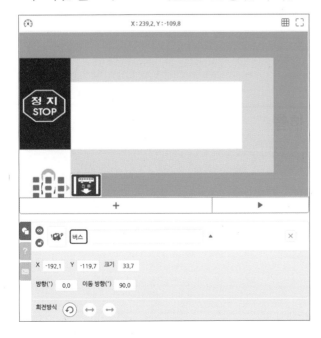

4 '버스' 오브젝트가 선택된 상태에서 [모양] 탭-[모양 추가하기]를 클릭하고, [모양 추가하기] 대화상자에서 [파일 올리기] 탭에서 '버스 왼쪽', '버스 위쪽', '버스 아래쪽' 파일을 추가합니다.

02 명령어 코딩하기

붕붕 꼬마 버스가 버스 전용차로로 달려 정지선에 도착할 수 있게 위, 아래, 왼쪽, 오른쪽 화살표 키를 누를 때마다 모양이 바뀌어 움직일 수 있게 프로그램을 코딩해 보세요.

1 버스 오브젝트에서 명령어 블록 중 [시작]-[왼쪽 화살표 키를 눌렀을 때] 명령어를 드래그하여 명령어 블록 창에 놓습니다.

2 버스 오브젝트에 명령어를 입력합니다.

준비파일 새 파일 완성파일 12-2 완성.ent

01 축구공이 미로를 따라 움직이는 프로그램을 만들어 보세요.

힌트 '미로(2)' 오브젝트와 '축구공' 오브젝트를 추가해요.

02 [모양] 탭에서 축구공을 복제하고, 축구공의 색상을 변경해 보세요.

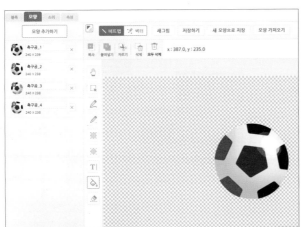 

힌트 [채우기]를 선택하고, 축구공 일부를 빨강색, 초록색, 자주색 등 원하는 색으로 변경한 다음 [파일]-[저장하기]를 선택해요. ⟲, ⟳ 를 눌러 회전시킨 다음 원하는 색상으로 채우세요.

위쪽 화살표 ▼ 키를 눌렀을 때
y 좌표를 10 만큼 바꾸기
축구공_1 모양으로 바꾸기

아래쪽 화살표 ▼ 키를 눌렀을 때
y 좌표를 -10 만큼 바꾸기
축구공_2 모양으로 바꾸기

왼쪽 화살표 ▼ 키를 눌렀을 때
x 좌표를 -10 만큼 바꾸기
축구공_3 모양으로 바꾸기

오른쪽 화살표 ▼ 키를 눌렀을 때
x 좌표를 10 만큼 바꾸기
축구공_2 모양으로 바꾸기

◀ [축구공] 오브젝트

미사일 발사하기

P 파워포인트 기능

도형 삽입 | 도형 크기 변경 | 도형 채우기

도형 복사 | 도형 윤곽선 | 그룹 지정 | 그림으로 저장

1 슬라이드의 레이아웃을 변경하기 위해 [홈] 탭–[슬라이드] 그룹–[레이아웃]–[빈 화면]을 선택하면 제목 슬라이드가 '빈 화면' 슬라이드로 변경되요.

2 [삽입] 탭–[일러스트레이션] 그룹–[도형]을 클릭하여 [블록 화살표] 중에서 [> 갈매기형 수장]을 선택하여 그립니다.

3 도형이 선택된 상태에서 [그리기 도구]–[서식]–[정렬] 그룹–[회전]–[좌우 대칭]을 선택합니다.

4 노란색 조절점(○)을 이용하여 도형을 변형시키고, [도형 채우기] 색과 [도형 윤곽선] 색을 바꾸어 줍니다.

5 도형을 복사하고, [도형 채우기] 색과 [도형 윤곽선] 색을 바꾸어 줍니다.

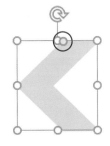 

6 도형을 복사하여 그림처럼 미사일 형태를 만들고, 도형을 그룹시킨 다음 '미사일1'이라고 그림으로 저장합니다.

1 [삽입] 탭–[일러스트레이션] 그룹–[도형]을 클릭하여 [기본 도형] 중에서 [ᄂ ᄂ 도형]을 선택하여 그립니다.

2 위와 동일한 방법으로 그림처럼 미사일 모양을 만들고 그룹으로 묶습니다. 계속해서 '미사일2'라고 그림으로 저장합니다.

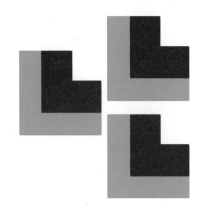

 **준비파일** 새 파일    **완성파일** 13-2 완성.pptx

01 도형을 이용하여 내가 원하는 미사일을 그려 보세요.

> **힌트** [기본 도형]-[타원], [달] 도형을 이용하고, 복사 기능을 이용해서 미사일 모양을 만들어요.

02 완성된 미사일 모양을 '미사일3'이라고 그림으로 저장해 보세요.

14 단원 우주 전쟁

찬희는 아침에 일어나보니 구름이 가득한 흐린 날이에요. 우산을 가져가야 할지 고민이 되네요. 순서도를 잘 읽고 ( ) 안을 채워 보세요.

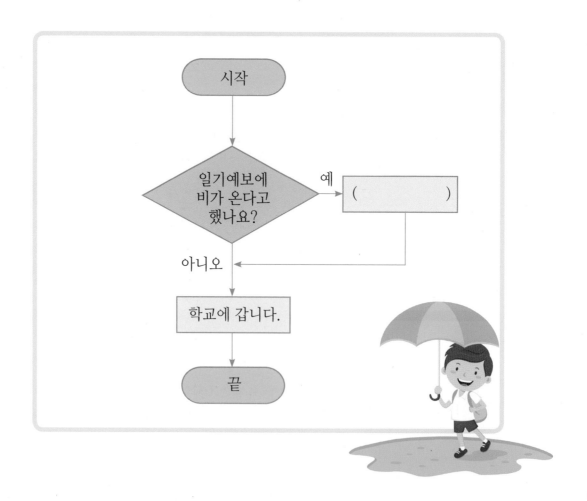

코딩 포인트

시작 블록

| 대상 없음 ▼ 신호 보내기 | 목록에 선택된 신호를 보냅니다. |

대상없음 신호 보내고 기다리기 — 목록에 선택된 신호를 보내고, 해당 신호를 받는 블록들의 실행이 끝날 때까지 기다립니다.

발사 ▼ 신호를 받았을 때

발사 ▼ 신호 보내기

신호를 만들고 신호를 활용합니다. [속성 〉 신호] 탭에서 [신호 추가]를 선택하고 "발사"를 입력합니다.

· '발사' 신호를 받았을 때 – 신호를 받고 나서 실행할 명령블록을 작성합니다.
· '발사' 신호 보내기 – 신호를 보냅니다.

계산 블록

0 부터 10 사이의 무작위 수 — 입력한 두 수 사이에서 선택된 무작위 수의 값입니다.

1 엔트리 프로그램을 실행하고 엔트리봇 오브젝트를 삭제하기 위해 ⊠ 단추를 클릭합니다.

2 다음과 같이 오브젝트를 추가합니다.

> • 배경 : 우주(1), 우주(2)
> • 전투기(3), 행성(1), 행성(3)
> • 미사일1

3 '미사일1' 오브젝트가 선택된 상태에서 [모양] 탭-[모양 추가하기]를 클릭하여 '미사일2' 모양을 추가합니다.

02 명령어 코딩하기

우주에서 위 아래로 움직이는 전투기가 다가오는 행성을 미사일을 발사하여 없애고 행성에 닿으면 멈추게 되는 프로그램을 코딩해 보세요.

▲ [배경 우주(1)] 오브젝트

▲ [배경 우주(2)] 오브젝트

 X, Y 좌표는 각 컴퓨터마다 조금씩 다를 수 있어요.

▲ [전투기(3)] 오브젝트

▲ [미사일1] 오브젝트

▲ [행성(1), 행성(3)] 오브젝트

📁 **준비파일** 새 파일   📁 **완성파일** 14-2 완성.ent

01 배경 오브젝트와 나머지 오브젝트를 추가하고 위치와 크기를 맞춰보세요.

> 추가할 오브젝트
> • 배경 : 마을풍경, 마을풍경1
> • 행성1, 행성(1), 미사일2
> • 파일럿 엔트리봇

02 파일럿 엔트리봇이 행성이 나타나면 미사일을 발사하여 없애고, 행성에 닿으면 멈추게 하는 프로그램을 코딩해 보세요.

[파일럿 엔트리봇] 오브젝트

```
▶ 시작하기 버튼을 클릭했을 때
계속 반복하기
    만일  위쪽 화살표 ▼  키가 눌러져 있는가?  (이)라면
        y 좌표를 5 만큼 바꾸기
        발사 ▼ 신호 보내기
    만일  아래쪽 화살표 ▼  키가 눌러져 있는가?  (이)라면
        y 좌표를 -5 만큼 바꾸기
        발사 ▼ 신호 보내기
```

```
발사 ▼ 신호를 받았을 때
전투기 ▼ 위치로 이동하기
```

▲ [파일럿 엔트리봇] 오브젝트

```
스페이스 ▼ 키를 눌렀을 때
왼쪽 벽 ▼ 에 닿았는가?  이 될 때까지 ▼  반복하기
    x 좌표를 -10 만큼 바꾸기
파일럿 엔트리봇 ▼ 위치로 이동하기
```

▲ [미사일2] 오브젝트

```
▶ 시작하기 버튼을 클릭했을 때
x: -240 y: -130 부터 130 사이의 무작위 수  위치로 이동하기
계속 반복하기
    x 좌표를 1 부터 5 사이의 무작위 수 만큼 바꾸기
    y 좌표를 -3 부터 3 사이의 무작위 수 만큼 바꾸기
    만일  미사일2 ▼ 에 닿았는가?  또는  오른쪽 벽 ▼ 에 닿았는가?  (이)라면
        모양 숨기기
        x: -150 y: -130 부터 130 사이의 무작위 수  위치로 이동하기
        모양 보이기
    만일  파일럿 엔트리봇 ▼ 에 닿았는가?  (이)라면
        모든 ▼ 코드 멈추기
```

▲ [행성2] 오브젝트

```
▶ 시작하기 버튼을 클릭했을 때
x: -240 y: -130 부터 130 사이의 무작위 수  위치로 이동하기
계속 반복하기
    x 좌표를 1 부터 5 사이의 무작위 수 만큼 바꾸기
    y 좌표를 -3 부터 3 사이의 무작위 수 만큼 바꾸기
    만일  미사일2 ▼ 에 닿았는가?  또는  오른쪽 벽 ▼ 에 닿았는가?  (이)라면
        모양 숨기기
        x: -240 y: -130 부터 130 사이의 무작위 수  위치로 이동하기
        모양 보이기
    만일  파일럿 엔트리봇 ▼ 에 닿았는가?  (이)라면
        모든 ▼ 코드 멈추기
```

▲ [행성1] 오브젝트

```
▶ 시작하기 버튼을 클릭했을 때
계속 반복하기
    x 좌표를 5 만큼 바꾸기
    만일  마을 풍경 ▼ 의  x 좌푯값 ▼  > 480  (이)라면
        x: -480 위치로 이동하기
```

▲ [마을풍경] 오브젝트

```
▶ 시작하기 버튼을 클릭했을 때
x: -480 위치로 이동하기
계속 반복하기
    x 좌표를 5 만큼 바꾸기
    만일  마을 풍경1 ▼ 의  x 좌푯값 ▼  > 480  (이)라면
        x: -480 위치로 이동하기
```

▲ [마을풍경1] 오브젝트

몬스터 볼 피규어

작품 완성

○ 준비파일) 새 파일
○ 완성파일) 15-1 완성.pptx

파워포인트 기능

온라인 그림 삽입 | 온라인 그림 크기 조정 | 그림으로 저장

1 슬라이드의 레이아웃을 변경하기 위해 [홈] 탭–[슬라이드] 그룹–[레이아웃]–[빈 화면]을 선택하면, 제목 슬라이드가 '빈 화면' 슬라이드로 변경되요.

2 [삽입] 탭–[이미지] 그룹–[온라인 그림]을 클릭하면 오른쪽 화면에 [온라인 그림] 창이 나타납니다.

3 [온라인 그림] 대화상자의 검색 대상에 "몬스터볼"이라고 입력하고 [이동] 단추를 누르면 몬스터볼에 대한 그림이 나타납니다.

4 여러 가지 몬스터볼 중에서 원하는 그림을 삽입하고, 크기와 위치를 조정합니다.

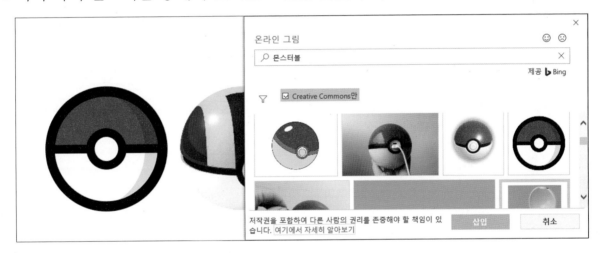

 온라인 그림에서 몬스터 볼을 검색하면 몬스터볼이 다르게 나타날 수 있어요. 원하는 몬스터 볼을 삽입해 보세요.

5 왼쪽에서 부터 몬스터볼을 선택하고 차례대로 '볼1', '볼2', '볼3'으로 그림으로 저장합니다.

준비파일 새 파일   **완성파일** 15-2 완성.pptx

01 온라인 그림 삽입 기능을 이용하여 몬스터볼의 배경이 될 '포켓몬배경' 검색하여 배경을 찾아 보세요.

02 온라인 그림를 배경에 맞게 크기를 조정하고, 빈 화면 슬라이드를 추가하여 그림처럼 배경에 온라인 그림를 삽입해 보세요.

03 삽입한 온라인 그림를 선택하고 '배경1', '배경2', '배경3'으로 그림으로 저장해 보세요.

몬스터 볼 집 찾기

다급한 목소리로 112로 전화가 왔어요. 다음 힌트를 잘 읽고 소방관은 어디로 출동해야 할까요?

힌트
- 슈퍼마켓 위에서 연기가 나요.
- 태권도 학원 아래쪽에서 연기가 나요.

● 준비파일 새 파일
● 완성파일 16-1 완성.ent

코딩 포인트

시작 블록

| 장면이 시작되었을 때 | 추가한 장면이 시작되면 실행할 명령어를 입력합니다. |

장면 1 ▼ 시작하기 ▶ 장면1을 시작합니다.

다음 ▼ 장면 시작하기 ▶ 선택한 장면을 시작합니다.

소리 블록

원하는 소리를 선택하여 추가합니다.

소리 (노크 소리 ▼) 재생하기 ◀) 추가한 소리를 재생합니다.

오브젝트 추가하기

1 엔트리 프로그램을 실행하고 엔트리봇 오브젝트를 삭제하기 위해 ☒ 단추를 클릭합니다.

2 다음과 같이 오브젝트 파일을 업로드하여 추가하고, 크기와 위치를 조정합니다.

 '배경1', '볼1' 오브젝트를 추가해요.

따라하기 02 명령어 코딩하기

몬스터볼이 길을 잃었어요 집으로 가고 싶어하는 몬스터볼을 집으로 갈수 있게 도와주는 프로그램을
코딩해 보세요.

[장면1] 오브젝트 추가와 명령어 코딩하기

시작하기 버튼을 클릭하면 노크소리가 재생되고, '안녕! 난 몬스터볼이야 나를 집으로 데려다줘'라고 말
하고 몬스터볼을 클릭하면 '장면2'가 시작돼요.

1 '배경1' 오브젝트를 선택하고 명령어를 입력합니다.

2 계속해서 '볼1' 오브젝트를 선택하고 명령어를 입력합니다.

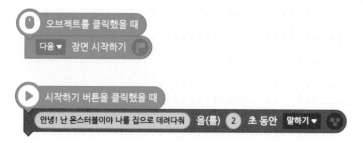

3 글상자 오브젝트를 추가하기 위해 [오브젝트 추가하기]를 클릭하고 [오브젝트 추가
하기] 대화상자에서 [글상자] 탭을 선택합니다. 글자 입력 부분에 한글의 자음(ㅁ)+
한자 를 누르고, '↑'를 선택한 다음 "클릭"이라고 입력합니다.

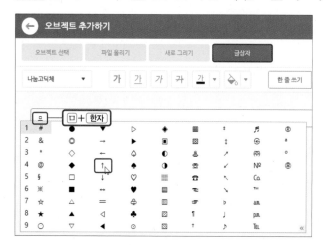

4 원하는 글꼴로 변경하고, [글꼴 색상]을 클릭하여 '빨강'으로 선택한 다음 [적용하기]를 클릭합니다.

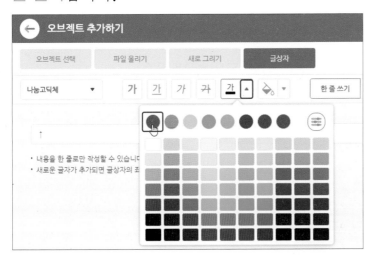

5 글상자 오브젝트가 추가되었으면, 글상자 크기와 위치를 조정합니다.

[장면2] 오브젝트 추가와 명령어 코딩하기

시작하기 버튼을 클릭하면 호루라기 소리가 재생되고, '집이 가까워지고 있어 힘을 내'라고 말하며 몬스터볼을 클릭하면 '장면3'이 시작돼요.

1 '장면2'를 추가하기 위해 ▇╋ 을 클릭하고 위와 동일한 방법으로 '배경2', '볼2' 오브젝트를 추가합니다.

2 [오브젝트 추가하기]를 클릭하고 [오브젝트 추가하기] 대화상자에서 [글상자] 탭을 선택하고, "↓클릭"이라고 입력합니다.

3 다음 그림처럼 명령어를 입력합니다.

▲ [배경2] 오브젝트　　　　　　▲ [볼2] 오브젝트

[장면3] 오브젝트 추가와 명령어 코딩하기

시작하기 버튼을 클릭하면 박수갈채 소리가 재생되고, '찾았다 우리집 친구들 고마워', '안녕'이라고 말하며 몬스터볼을 클릭하면 모양이 사라집니다.

1 '장면3'를 추가하기 위해 ➕을 클릭하고 위와 동일한 방법으로 '배경3', '볼3' 오브젝트를 추가합니다.

2 다음 그림처럼 명령어를 입력합니다.

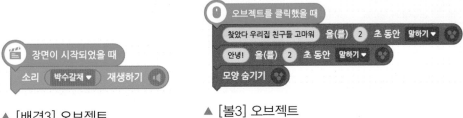

▲ [배경3] 오브젝트　　　　　　▲ [볼3] 오브젝트

준비파일 새 파일   완성파일 16-2 완성.ent

01 캐릭터를 넣어 만들고 싶은 장면을 추가하여 프로그램을 만들어 보세요.

코딩 명령어

【장면1】
시작하기 버튼을 클릭하면 방귀소리가 재생되고, 짱구가 "안녕 나는 짱구에요 울라울라"라고 말하고, 2초 후에 "방귀대장 뿡뿡이가 아니고요 헤헤"라고 말하며, 잠이듭니다.

◀ [거실(1)] 오브젝트

```
시작하기 버튼을 클릭했을 때
소리  방귀 소리 ▼  재생하기
```

◀ [짱구] 오브젝트

```
시작하기 버튼을 클릭했을 때
안녕! 나는 짱구에요 울라울라  을(를)  2  초 동안  말하기 ▼
방귀대장 뿡뿡이가 아니고요 헤헤  을(를)  2  초 동안  말하기 ▼
10  번 반복하기
   이동 방향으로  7  만큼 움직이기
모양 숨기기
다음 ▼  장면 시작하기
```

【장면2】

훈이가 "일어나 짱구야 놀이터 가자"라고 말하며 잠든 짱구를 깨웁니다.

◀ [거실(2)] 오브젝트

◀ [훈이] 오브젝트

【장면3】

놀이터에 도착하면 오루라기 소리가 재생되고 액션가면이 "신나게 놀아볼까"라고 말하고,
4초후에 훈이가 "미끄럼틀 타자"라고 말하면 짱구가 "내가 제일먼저"라고 말하며 미끄럼틀
을 탑니다.

◀ [놀이터] 오브젝트

◀ [짱구1] 오브젝트

◀ [훈이1] 오브젝트

◀ [액션가면] 오브젝트

◀ [글상자] 오브젝트

17단원 이모티콘 도장찍기

● 준비파일 새 파일
● 완성파일 17-1 완성.pptx

 온라인 그림 삽입 | 온라인 그림 크기 조정 | 그림으로 저장
파워포인트 기능

1 슬라이드의 레이아웃을 변경하기 위해 [홈] 탭-[슬라이드] 그룹-[레이아웃]-[빈 화면]을 선택하면, 제목 슬라이드가 '빈 화면' 슬라이드로 변경되요.

2 [삽입] 탭-[이미지] 그룹-[온라인 그림]을 클릭하면 오른쪽 화면에 [온라인 그림] 창이 나타납니다.

3 [온라인 그림] 대화상자의 검색 대상에 "이모티콘"이라고 입력하고 [이동] 단추를 누르면 이모티콘에 대한 그림이 나타납니다.

4 여러 가지 이모티콘 중에서 온라인 그림를 삽입하고, 크기와 위치를 조정합니다.

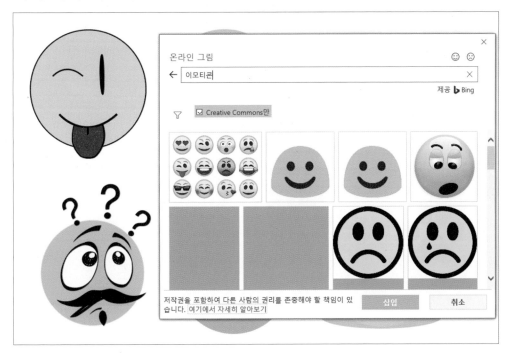

5 왼쪽에서부터 이모티콘을 선택하고 차례대로 '이모티콘1'~'이모티콘6'으로 그림으로 각각 저장합니다.

📁 **준비파일** 새 파일   📁 **완성파일** 17-2 완성.pptx

01 온라인 그림 삽입 기능을 이용하여 '발자국'을 검색하고 발자국 이미지를 찾아 삽입해 보세요.

02 삽입한 온라인 그림를 크기를 조정하고, '발자국', '발자국2', '발자국3', '발자국4'로 그림 으로 저장해 보세요.

여러가지 모양으로
도장 찍기

오늘은 민수 생일이예요. 민수가 친한 친구 3명을 초대해서 가까운 햄버거 가게에서 생일축하 파티를 했어요. 햄버거, 닭다리, 감자튀김, 피자, 핫도그, 콜라 4개를 주문했어요. 모두 얼마를 내야할까요?

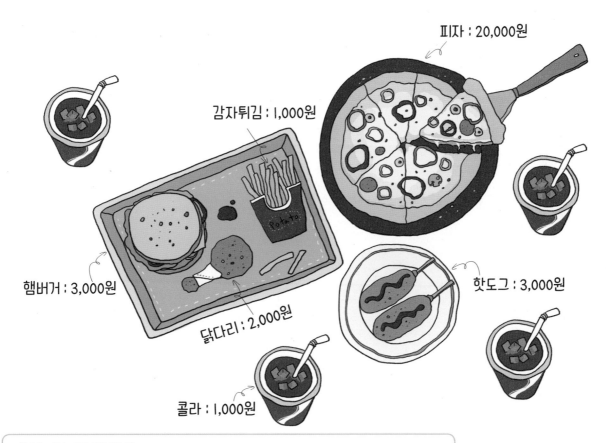

피자 : 20,000원

감자튀김 : 1,000원

핫도그 : 3,000원

햄버거 : 3,000원

닭다리 : 2,000원

콜라 : 1,000원

내야 할 금액은?

시작 블록

 원하는 키에 명령어를 지정할 수 있어요.

오브젝트 추가하기

1 엔트리 프로그램을 실행하고 엔트리봇 오브젝트를 삭제하기 위해 ☒ 단추를 클릭합니다.

2 배경 오브젝트를 추가하기 위해 [오브젝트 추가하기]를 클릭하고 [오브젝트 추가하기] 대화상자에서 [배경]-[패턴배경] 오브젝트를 추가합니다.

3 계속해서 [오브젝트 추가하기]를 클릭하고 [오브젝트 추가하기] 대화상자에서 [파일 올리기] 탭에서 '이모티콘1' 오브젝트도 추가하고 크기와 위치를 조정합니다.

4 '이모티콘1' 오브젝트가 선택된 상태에서 [모양] 탭-[모양 추가하기]를 클릭하고, [모양 추가하기] 대화상자에서 [파일 올리기] 탭에서 '이모티콘2'~'이모티콘6' 파일을 추가합니다.

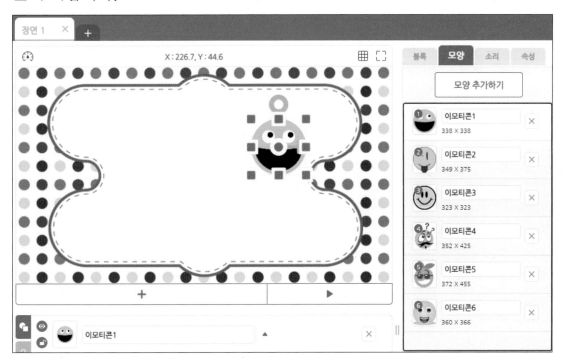

← 또는 → 키를 누르면 이모티콘 도장의 모양이 바뀌고 클릭하면 도장이 찍히고 ↑ 방향키를 누르면 크기가 커지고 ↓ 키를 누르면 크기가 작아지고 Space 키를 누르면 모두 지워지는 프로그램을 코딩해 보세요.

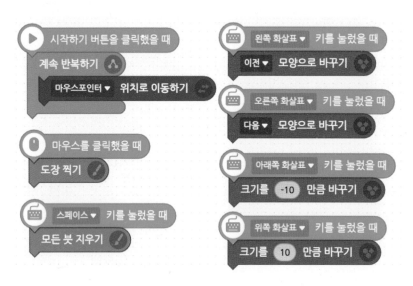

▲ [이모티콘] 오브젝트

 위, 아래, 왼쪽, 오른쪽 키를 누르면 지정한 명령어가 잘 실행되는지 실행해 보세요.
(왼쪽 : 이전 모양 / 오른쪽 : 다음 모양 / 위 : 크기 10 키우기 / 아래 : 크기 10 줄이기 / 마우스 클릭 : 도장 찍기, 스페이스키 : 모두 지우기)

혼자해보기

📁 **준비파일** 새 파일 　　　📁 **완성파일** 18-2 완성.ent

01 배경(눈오는 날) 오브젝트와 '발자국' 오브젝트를 추가하고, [모양] 탭에서 '발자국2'~ '발자국4'의 모양을 추가해 보세요.

02 다음 <조건> 대로 눈오는 날에 발자국을 찍는 프로그램을 완성해 보세요.

〈조건〉

왼쪽 : 이전 모양, 오른쪽 : 다음 모양, 위 : 크기 10 키우기, 아래 : 크기 10 줄이기,

마우스 클릭 : 도장 찍기, 스페이스키 : 모두 지우기

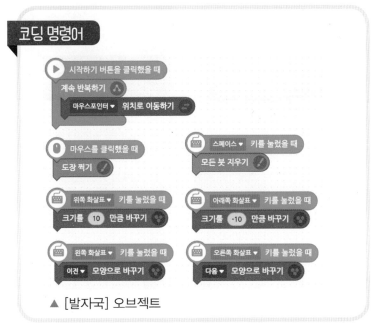

▲ [발자국] 오브젝트

내 핸드폰 찾기

● 준비파일 새 파일
● 완성파일 19-1 완성.pptx

파워포인트 기능

온라인 그림 삽입 | 온라인 그림 크기 조정 | 그림으로 저장

1 슬라이드의 레이아웃을 변경하기 위해 [홈] 탭-[슬라이드] 그룹-[레이아웃]-[빈 화면]을 선택하면, 제목 슬라이드가 '빈 화면' 슬라이드로 변경되요.

2 [삽입] 탭-[이미지] 그룹-[온라인 그림]을 클릭하면 오른쪽 화면에 [온라인 그림] 창이 나타납니다.

3 [온라인 그림] 대화상자의 검색 대상에 "이모티콘"이라고 입력하고 [이동] 단추를 누르면 이모티콘에 대한 그림이 나타납니다.

4 여러 가지 이모티콘 중에서 원하는 그림을 삽입하고, 크기와 위치를 조정합니다.

5 왼쪽에서부터 이모티콘을 선택하고 차례대로 '핸드폰1'~'핸드폰3'으로 그림으로 각각 저장합니다.

 **준비파일** 새 파일   **완성파일** 19-2 완성.pptx

01 온라인 그림 삽입 기능을 이용하여 '파랑새'를 검색하고 파랑새를 삽입해 보세요.

02 삽입한 온라인 그림를 크기를 조정하고, '파랑새1', '파랑새2', '파랑새3'으로 그림으로 저장해 보세요.

20 단원

핸드폰 찾기 게임 만들기

언플러그드 활동

아래 표는 아침에 일어나서 등교하기 위해 집밖에 나서기 전까지 과정을 표현한 순서도예요. 괄호 안에 가장 적당한 번호를 써보세요.

① 아침밥을 먹는다.

② 가방을 멘다.

③ 세수와 양치질을 한다.

④ 신발을 신는다.

⑤ 학습 준비물을 준비한다.

⑥ 옷을 입는다.

⑦ 양말을 신는다.

순서도로 표현하면? →

```
시작
 ↓
아침밥을 먹는다.
 ↓
(            )
 ↓
옷을 입는다.
 ↓
양말을 신는다.
 ↓
학습 준비물을 준비한다.
 ↓
(            )
 ↓
신발을 신는다.
 ↓
끝
```

● 준비파일 새 파일
● 완성파일 20-1 완성.ent

시작 블록

🎬 **장면이 시작되었을 때**   추가한 장면이 시작되면 실행할 명령어를 입력합니다.

장면 1 ▾ 시작하기 🚩   장면1을 시작합니다.

다음 ▾ 장면 시작하기 🚩   선택한 장면을 시작합니다.

1 엔트리 프로그램을 실행하고 엔트리봇 오브젝트를 삭제하기 위해 ⊠ 단추를 클릭합니다.

2 다음과 같이 오브젝트 파일을 업로드하여 추가하고, 크기와 위치를 조정합니다.

 배경 오브젝트는 '크리스마스 집안', '핸드폰1' 오브젝트를 추가해요.

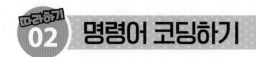
숨겨져 있는 휴대폰을 찾고 휴대폰을 찾으면 휴대폰이 크게 보이는 프로그램을 코딩해 보세요.

[장면1] 오브젝트 추가와 명령어 코딩하기

핸드폰이 크리스마스 집안 장면 속에 숨겨져 있어요. 잘 찾아보고 찾으면 마우스로 클릭합니다. 맞게 클릭하였으면 "찾았다"라고 표시되고, 찾은 핸드폰이 커지고 다음장면이 실행됩니다.

1 '크리스마스 집안' 오브젝트를 선택하고 명령어를 입력합니다.

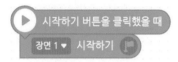

2 계속해서 '핸드폰1' 오브젝트를 선택하고 명령어를 입력합니다.

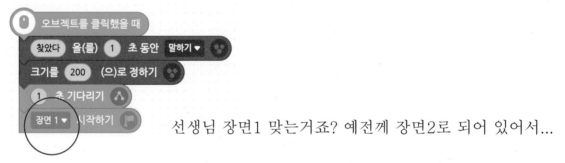

선생님 장면1 맞는거죠? 예전께 장면2로 되어 있어서...

3 글상자 오브젝트를 추가하기 위해 [오브젝트 추가하기]를 클릭하고 [오브젝트 추가하기] 대화상자에서 [글상자] 탭을 선택합니다. 글자 입력 부분에 "휴대폰을 찾아주세요"라고 입력합니다.

4 원하는 글꼴로 변경하고, [글꼴 색상]을 클릭하여 '보라' 색으로 선택한 다음 [적용하기]를 클릭합니다.

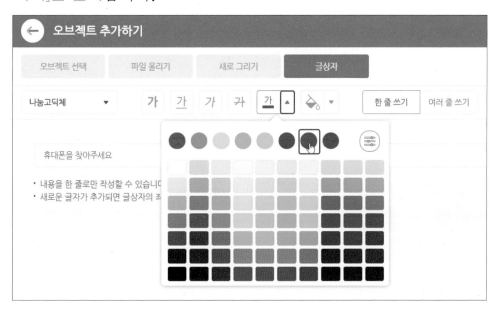

5 글상자 오브젝트가 추가 되었으면, 글상자 크기와 위치를 조정합니다.

[장면2] 오브젝트 추가와 명령어 코딩하기

핸드폰이 거실 장면속에 숨겨져 있어요. 잘 찾아보고 찾으면 마우스로 클릭합니다. 맞게 클릭하였으면 "찾았다"라고 표시되고, 찾은 핸드폰이 커지고 다음 장면이 실행됩니다.

1 '장면2'를 추가하기 위해 ➕ 을 클릭하고 앞과 동일한 방법으로 배경 오브젝트는 '거실(2)', '휴대폰2' 오브젝트를 추가합니다.

2 '핸드폰2' 오브젝트를 선택하고 명령어를 입력합니다.

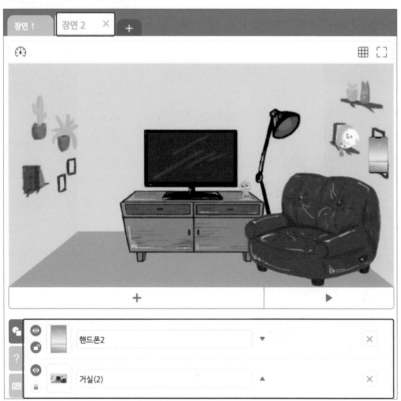

[장면3] 오브젝트 추가와 명령어 코딩하기

핸드폰이 부엌 장면속에 숨겨져 있어요. 잘 찾아보고 찾으면 마우스로 클릭합니다. 맞게 클릭하였으면 "찾았다"라고 표시되고 찾은 핸드폰이 커지고 다음 장면이 실행됩니다.

1 '장면3'를 추가하기 위해 ➕ 을 클릭하고 앞과 동일한 방법으로 배경 오브젝트는 '부엌', '휴대폰3' 오브젝트를 추가합니다.

2 계속해서 '핸드폰3' 오브젝트를 선택하고 명령어를 입력합니다.

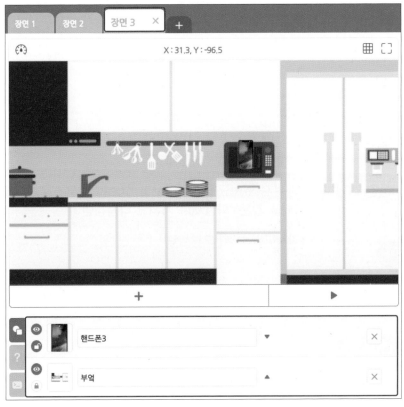

혼자해보기

준비파일 새 파일　　　　완성파일 20-2 완성.ent

01 행운의 파랑새를 찾아다니는 프로그램을 코딩해 보세요.

코딩 명령어

【장면1】

행운의 파랑새가 과자나라풍경 장면 속에 숨겨져 있어요. 잘 찾아보고 찾으면 마우스로 클릭합니다. 맞게 클릭하였으면 "찾았다"라고 표시되고 찾은 파랑새가 커지고 다음장면이 실행됩니다.

　　　시작하기 버튼을 클릭했을 때　　　　　◀ [과자나라 풍경] 오브젝트
　　　장면 1 ▼ 시작하기

　　　오브젝트를 클릭했을 때　　　　　　　◀ [파랑새1] 오브젝트
　　　찾았다 을(를) 1 초 동안 말하기 ▼
　　　크기를 100 (으)로 정하기
　　　1 초 기다리기
　　　이동 방향으로 500 만큼 움직이기
　　　1 초 기다리기
　　　장면 2 ▼ 시작하기

【장면2】

행운의 파랑새가 머리 긴 공주 성 장면 속에 숨겨져 있어요. 잘 찾아보고 찾으면 마우스로 클릭합니다 맞게 클릭하였으면 "찾았다"라고 표시되고 찾은 파랑새가 커지며 다음 장면이 실행됩니다.

◀ [파랑새2] 오브젝트

※ 배경에는 [머리 긴 공주 성] 오브젝트를 추가해요.

【장면3】

행운의 파랑새가 제주도 돌담집 장면 속에 숨겨져 있어요. 잘 찾아보고 찾으면 마우스로 클릭합니다. 맞게 클릭하였으면 "찾았다"라고 표시되고 찾은 파랑새가 커지고 "행운의 파랑새는 우리집에 있었네"를 말하며 다음 장면이 실행됩니다.

◀ [파랑새3] 오브젝트

※ 배경에는 [제주도 돌담집] 오브젝트를 추가해요.

수료증

성 명 :

과 정 :

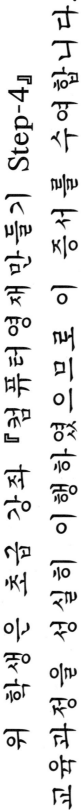

위 학생은 초급 강좌 『컴퓨터 영재 만들기 Step-4』

교육과정을 성실히 이행하였으므로 이 증서를 수여합니다.

20　　년　　월

컴퓨터 부

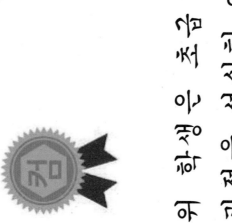